PRÉPARER SES EXAMENS



# GALOP

# 7

## Programme officiel

VIGOT

## Ouvrages de la collection « Nouveaux examens d'équitation »

- Préparer ses examens : GALOPS 1 à 4
- Préparer ses examens : GALOPS 5 et 6
- Préparer ses examens : GALOP 7
- Préparer ses examens : GALOP 8
- Questions-réponses d'examens : GALOPS 1 à 4 (nouvelle édition)
- Questions-réponses d'examens : GALOPS 5 à 7 (nouvelle édition)
- Galops de pleine nature 1 à 4

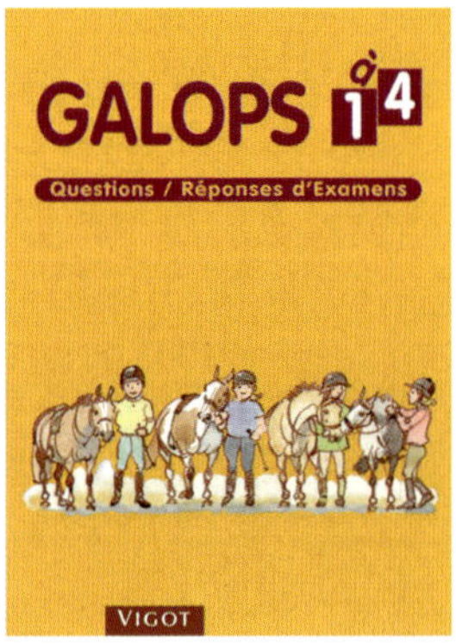

Illustrations (couverture et intérieur) : Yvan Benoist-Gironière


Dépôt légal : novembre 2004 – ISBN : 2-7114-1489-2
*Achevé d'imprimer en novembre 2004 en France par Pollina s.a., - Numéro d'impression : L95199*

# TABLE DES MATIÈRES

## NOUVEAU PROGRAMME OFFICIEL

**GALOP 7**

**Vous devez disposer d'un niveau de pratique vous permettant de présenter votre cheval ou votre poney, dans un équilibre stable et une attitude adaptée sur une reprise de dressage, un parcours de saut d'obstacles, un parcours de cross.**

### ÉQUITATION



### SOINS

*(Les soins ci-après s'ajoutent à ceux des Galops 5 et 6).*

# GALOP 7



## CONNAISSANCES

*(Les thèmes ci-après s'ajoutent à ceux des Galops 5 et 6).*



*Le Galop 7 vous permet de demander votre licence de compétition de 4e catégorie dressage, saut d'obstacles et concours complet d'équitation.*

## GALOP 7 DE DRESSAGE

*Vous devez disposer d'un niveau de pratique vous permettant de présenter votre monture dans un équilibre stable et dans une attitude adaptée sur une reprise de dressage.*



*Le Galop 7 de dressage vous permet de demander votre licence de compétition 4e catégorie dressage.*

## LA COMPÉTITION

# GALOP 7

# DRESSAGE

ÉQUITATION

## STABILISER SON ÉQUILIBRE ASSIS, LORS DES TRANSITIONS

(Dans l'allure et d'une allure à une autre.)

### ● RÉVISION

Consultez les pages 33 à 35 du Galop 6.
Alors qu'au Galop 6 il était demandé au cavalier de stabiliser son équilibre assis lors de transitions dans l'allure, au Galop 7, le cavalier doit être également capable de stabiliser son équilibre assis dans les transitions d'une allure à une autre. De plus, l'exercice qui était demandé au trot enlevé au Galop 6, doit être exécuté assis au Galop 7.

**Rappel :**

On distingue deux types d'équilibres :

- l'**équilibre longitudinal**, défini par la juste répartition du poids entre l'avant-main et l'arrière-main,
- l'**équilibre latéral**, défini par la juste répartition du poids entre les deux bipèdes latéraux.

Un cheval équilibré à la fois longitudinalement et latéralement, effectue un tracé précis et harmonieux, lors d'enchaînements d'exercices.

### ● ATTITUDE DU CAVALIER

Il faut rechercher le fond de la selle, mains et jambes fixes, en s'accordant sur les modifications d'attitudes du cheval.
L'équilibre du couple cheval/cavalier doit être maîtrisé dans toutes les transitions.

**ERREURS RECTIFIÉES**

*En épreuve de dressage sont sanctionnées :*

- *les hésitations,*
- *la perte d'équilibre et de rectitude,*
- *la perte de cadence,*
- *l'altération de la mise sur la main.*

*Une erreur classique consiste à se pencher en avant pour observer le pied sur lequel on galope.*

**À SAVOIR**

Dans les allures rassemblées, les foulées perdent en amplitude. Inversement, dans les allures allongées, les foulées gagnent en amplitude, et le chanfrein se porte légèrement en avant de la verticale.

## CONTRÔLER LA CADENCE DE CHAQUE ALLURE

À chaque allure, vérifier la régularité de la cadence en contrôlant que les mouvements des membres, se succèdent régulièrement quelle que soit l'amplitude de l'allure.

Il faut apprendre à ressentir la cadence, mais pour contrôler la régularité des foulées, vous pouvez compter mentalement régulièrement, comme le ferait un métronome

**ATTENTION :** une cadence maintenue trop longtemps, peut engendrer une lassitude et une perte  de réaction de la part du cheval.

### ERREUR RECTIFIÉE

*Si le cheval perd sa cadence en précipitant  son allure sur des foulées courtes et saccadées, rééquilibrez-le pour qu'il retrouve sa cadence. Dans les transitions d'allures, il doit conserver sa cadence, jusqu'à la nouvelle allure.*

ÉQUITATION

### À SAVOIR

Les chevaux ont des cadences naturelles différentes. Il est donc difficile de faire travailler ensemble, des chevaux dont la cadence et l'amplitude naturelles, sont trop différentes.

ÉQUITATION

# FAIRE VARIER LES AMPLITUDES DU PAS ET DU GALOP

## ● FAIRE VARIER L'AMPLITUDE DU PAS

Dans une transition montante ou descendante les variations d'amplitude doivent être obtenues sans perte de cadence.

Pour augmenter l'amplitude, il faut :

- augmenter l'impulsion vers l'avant comme un ressort comprimé entre les mains et les jambes pour que le cheval se détende,
- pour permettre à l'encolure de s'étendre, desserrez ensuite les doigts en laissant glisser les rênes sans jamais perdre le contact avec la bouche,
- les jambes agissent alternativement en cadence avec le pas, chaque fois qu'un postérieur s'engage.

**Procédé pratique**

Au pas, pour savoir quel postérieur s'engage, il existe un procédé simple : regardez les épaules du cheval sans vous pencher en avant. Lorsque l'épaule droite semble reculer, le postérieur droit vient sous la masse. À ce moment, il faut solliciter le postérieur droit, pour qu'il s'engage en couvrant plus de terrain. Un autre procédé très efficace, consiste à sentir le balancement des flancs entre les jambes, et à agir alternativement comme pour amplifier ce balancement.

## ● FAIRE VARIER L'AMPLITUDE DU GALOP

La préparation de l'allongement est la même qu'au pas. Les actions des jambes sont symétriques et en cadence avec le galop, pour amplifier son mouvement.

Dans les transitions descendantes, le cavalier place son cheval dans un nouvel équilibre qui lui permet de maintenir un galop plus ou moins rassemblé. Pour ce faire, il doit :

- fermer progressivement les doigts sur les rênes en accord avec le balancement du galop ;
- agir avec ses jambes pour augmenter l'engagement des postérieurs.

### À SAVOIR

On parle de pas libre, lorsqu'en liberté, le cheval évolue à cette allure avec les rênes totalement détendues.
Attention : il ne faut pas confondre allongement avec précipitation.

### ERREURS RECTIFIÉES

*Le cheval peut passer à l'allure supérieure, parce qu'un manque d'équilibre l'a mis sur les épaules, ou que le cavalier a perdu le contact avec la bouche. Il faut alors rééquilibrer le cheval et réengager ses postérieurs, en le maintenant droit.*

*S'il change de pied ou se désunit, renforcez vos aides.*

## GALOPER À FAUX (CONTRE-GALOP)

Pour des raisons d'équilibre, le cheval galope naturellement à droite lorsqu'il tourne à droite ; et inversement. Dans le cas contraire, il galope à faux. On parle également de contre-galop.

### ● PROGRESSION DU GALOP À FAUX

■ Galopez au galop juste sur une longueur. Ecartez-vous progressivement vers le milieu, puis revenez sur la piste en conservant vos aides, pour obliger le cheval à garder le même pied.

■ Plus tard, vous entamerez une demi-volte à l'extrémité du grand côté, en restant sur le même pied pour rejoindre la piste.
Ensuite, vous exécuterez des portions de cercles de 20 m de diamètre.

### ● AIDES EMPLOYÉES

■ Effet contraire de la rêne extérieure ;
■ léger pli extérieur de l'encolure (attention : un pli exagéré est sanctionné) ;
■ la jambe intérieure reculée est au contact ;
■ la jambe extérieure à la sangle entretient l'impulsion ;
■ le poids du corps est sur la fesse intérieure.

#### ERREURS RECTIFIÉES

*♦ Si le cheval retombe au trot, repassez au pas et demandez de nouveau un départ au galop à partir du pas, après l'avoir rééquilibré. Conservez l'impulsion. Attention, le cheval peut réagir ainsi par manque de souplesse.*
*♦ Si le cheval change de pied, repassez également au pas et renforcez vos aides en demandant un nouveau départ au galop. Ne modifiez pas votre propre équilibre, car un transfert de poids peut inciter le cheval à changer de pied.*
*♦ Si le cheval se désunit, ne laissez pas flotter vos aides. Renforcez-les sans modifier votre propre équilibre.*
*♦ Le cheval peut mettre sa croupe en dehors, si vous avez abusé de la jambe de position.*
*♦ Un cheval qui tombe à l'intérieur du cercle, cherche à échapper à l'engagement des postérieurs. Replacez les épaules face aux hanches .*

#### À SAVOIR

Le galop à faux est une excellente gymnastique, car il oblige le cheval à beaucoup engager le postérieur sur lequel il galope. L'épaule extérieure gagne en amplitude, ce qui favorise l'équilibre vertical du cheval.

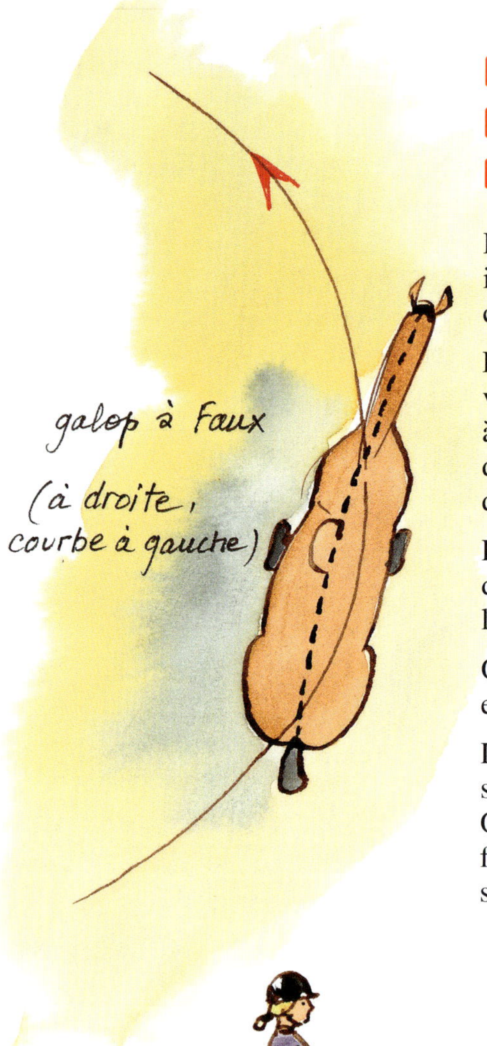


## ENCHAÎNER DES COURBES LARGES ET INVERSÉES, AU GALOP EN CONSERVANT LE MÊME PIED

Dans la reprise des aides du Galop 7, il est demandé d'exécuter à faux, un demi-cercle de 20 m de diamètre.

Lorsque le cheval galope correctement à faux, vous pouvez lui demander une serpentine à deux boucles sur le même pied, le deuxième demi-cercle étant exécuté à faux. L'inversion des courbes se fait au point X.

Pendant l'exécution des figures, le cavalier doit rester stable, de façon à bien contrôler les hanches et les épaules du cheval.

Quant au cheval, il doit conserver son équilibre et sa cadence sans accélérer ni ralentir.

De nombreux chevaux galopent plus volontiers sur un pied que sur l'autre.
On retrouve cette dissymétrie dans le galop à faux qu'il est souvent plus facile de maintenir sur un pied plutôt que sur l'autre.

### À SAVOIR

N'abusez pas du galop à faux, surtout si le cheval n'est pas suffisamment assoupli. Limitez-vous à des cercles d'un diamètre minimum de 20 m.

## DÉPLACER SA MONTURE LATÉRALEMENT DU CÔTÉ CONVEXE, AU PAS ET AU TROT

Le travail sur deux pistes a été demandé au pas (Galop 5) et au trot (Galop 6).

Pour réussir un déplacement latéral, le cheval doit être tendu dans l'impulsion et sur la main.

### ● LA CESSION À LA JAMBE (vers la droite)

Toute en restant droit (rachis rectiligne), le cheval se déplace vers la droite, les membres se chevauchant. Dans un déplacement latéral vers la droite, l'antérieur gauche passe devant le droit. De même pour les postérieurs.
Le cheval se déplace parallèlement à lui-même, suivant une oblique d'environ 30 °.

**Aides à employer**

La cession à la jambe est obtenue en reculant plus ou moins la jambe gauche (depuis la hanche). Agissez de façon intermittente, en accord avec le lever du postérieur gauche.
Il faut respecter la cadence, pendant tout le mouvement.

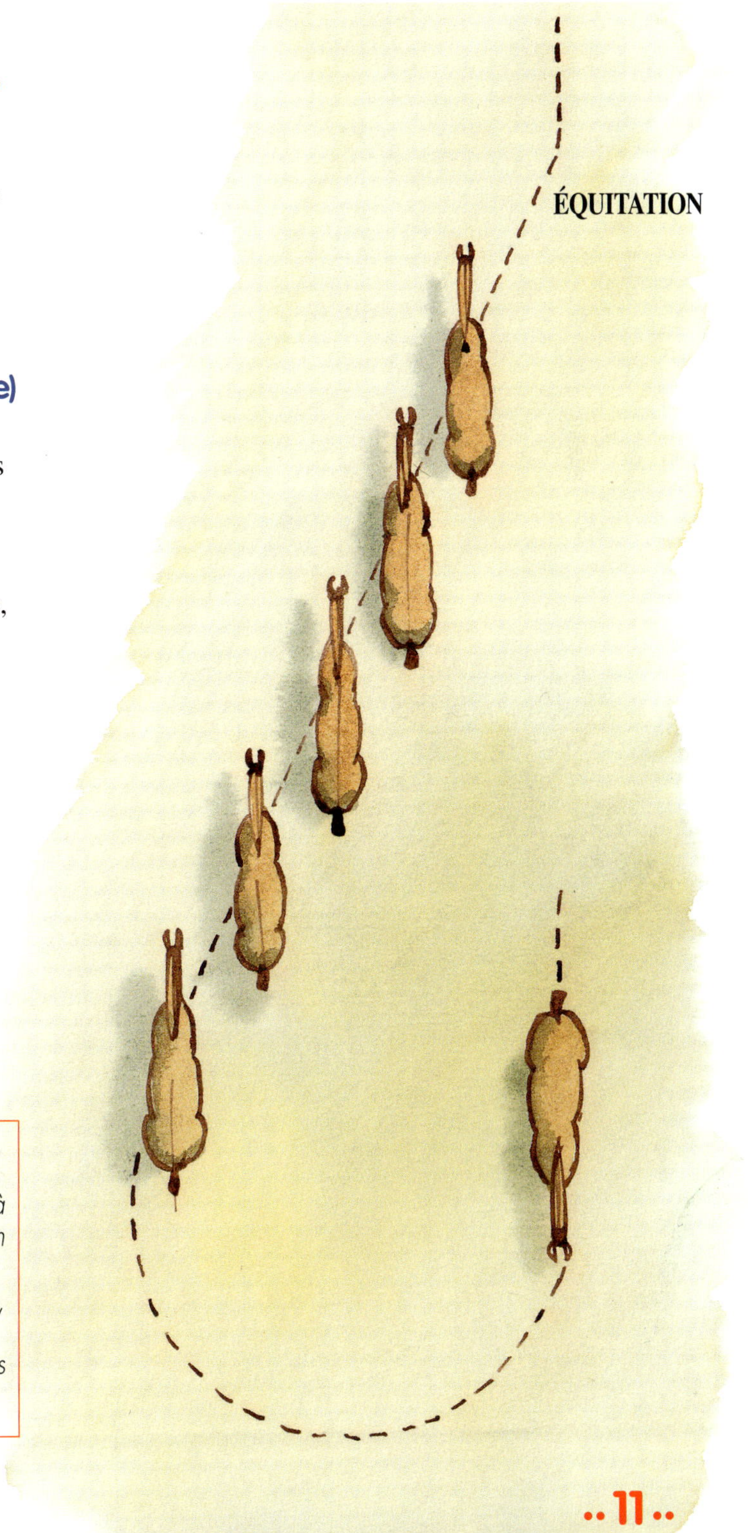

**ERREURS RECTIFIÉES**

- *Si le cheval se déplace suivant un angle supérieur à 30° en croisant trop ses postérieurs, remettez-le en avant avec les deux jambes.*
- *Inversement, s'il avance sans croiser ses membres, renforcez l'action de la jambe isolée.*
- *Evitez de laisser les hanches passer devant les épaules.*

# DÉPLACEMENT DU CÔTÉ CONVEXE

Contrairement à la cession à la jambe où le cheval reste droit, dans cet exercice, il est incurvé tout en se déplaçant latéralement.

## ● COMMENT PROCÉDER

- Incurvez le cheval sur un petit cercle de 6 à 10 m de diamètre.
- Ensuite, déplacez le cheval vers l'extérieur, en agissant avec la jambe intérieure. Le cheval agrandit progressivement le diamètre du cercle.
- Contrôlez ses épaules avec la rêne extérieure tout en maintenant l'impulsion.
- Le poids du corps est mis dans le sens du déplacement ; c'est-à-dire vers l'extérieur.
- À la fin de l'exercice, mettez le cheval sur une volte, en ramenant son incurvation au diamètre de cette volte.

### ERREURS RECTIFIÉES

- *Une action trop importante de la jambe intérieure reculée, a pour effet de déporter les hanches à l'extérieur. Réduisez cette action dans ce cas.*
- *Inversement, si le cheval ne cède pas à l'action de la jambe intérieure, augmentez son action.*
- *Si le cheval précipite en accélérant la cadence, rééquilibrez-le sur une volte, avant de poursuivre l'exercice.*

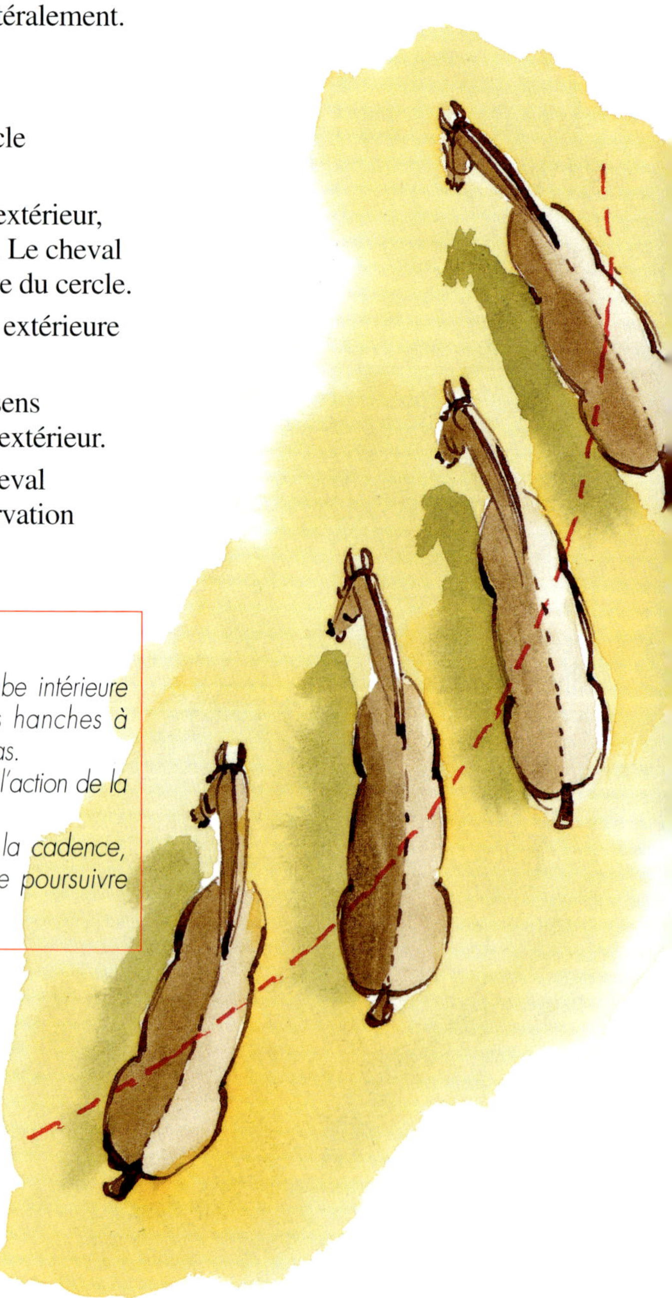

### À SAVOIR

Les exercices sur deux pistes font partie d'une progression. Pour le cavalier, cette progression vise à améliorer la maîtrise de ses aides.

# DRESSAGE

## L'ÉPAULE EN DEDANS

La reprise d'école des aides B, exige du cavalier, qu'il exécute une épaule en dedans aux deux mains.
Comme pour le déplacement du côté convexe, le cheval est ployé, mais il se déplace en ligne droite ; généralement le long d'un mur.
Il est incurvé autour de la jambe intérieure qui agit à la sangle, pour maintenir l'impulsion.
Cet exercice, favorise l'engagement du postérieur intérieur.

### AIDES À EMPLOYER

**Épaule droite en dedans**

La façon de procéder la plus simple consiste à débuter l'épaule en dedans après un coin :

- Faites une légère rêne d'ouverture droite, pour sortir les épaules de la piste. Cette action se transforme en effet d'appui, pour pousser les épaules dans le sens du déplacement (vers la gauche).
- Les actions répétées de la jambe droite à la sangle, entretiennent l'impulsion tandis que la jambe gauche légèrement reculée, contient les hanches pour éviter qu'elles dérapent.
- La main extérieure gauche, régularise l'inflexion de l'encolure.
- Le poids du corps est mis dans le sens du déplacement, c'est-à-dire à gauche dans ce cas.

L'obliquité du cheval par rapport à la piste, est d'environ 30°.

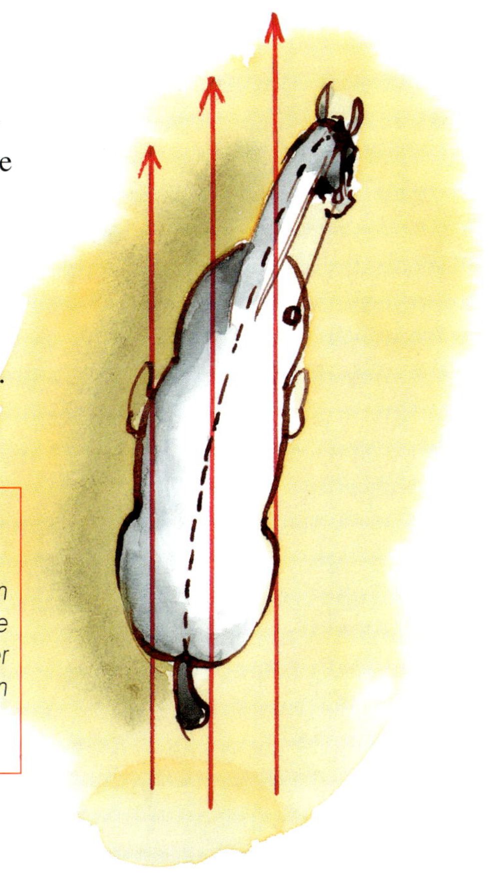

#### ERREURS RECTIFIÉES

*Il faut surtout éviter que le cheval ploie exagérément son encolure, sans que les épaules soient sorties. Dans ce cas, il faut réduire l'action des mains, et engager davantage le postérieur intérieur, en renforçant l'action de la jambe intérieure.*

#### À SAVOIR

L'épaule en dedans est un excellent exercice d'assouplissement, mais il est contraignant. Il faut donc éviter d'en abuser. À la fin de l'exercice, pensez à remettre les épaules devant les hanches.

# GALOP 7

## SAUT D'OBSTACLES

ÉQUITATION

### STABILISER SON ÉQUILIBRE EN ENCHAÎNANT DES SAUTS

En toutes circonstances, le cavalier doit rester lié aux mouvements de sa monture pour ne pas la gêner ni troubler son équilibre.

#### ● ENTRE LES OBSTACLES

Le cavalier peut adopter deux positions légèrement différentes :

- en équilibre sur les étriers, les fesses dégagées de la selle, le buste légèrement incliné en avant, le regard haut. Les étrivières sont verticales. C'est la position classique à adopter dans les lignes droites ;
- pour être prêt à intervenir, le cavalier peut se rapprocher de la selle, tout en restant en équilibre sur les étriers. Cette position peut être adoptée dans la phase d'abord de l'obstacle.

#### ● PENDANT LE SAUT

- le cavalier reste en équilibre sur les étriers. Les fesses dégagées de la selle, avancent pendant la détente,
- le buste est incliné en avant pendant le planer. Le bas de la jambe reste fixe.

#### ● POUR LA RÉCEPTION

- le cavalier reste en équilibre sur les étriers,
- le buste se redresse, le bassin avance,
- le bas des jambes avancent légèrement,
- épaules et bras restent souples, la main suit la bouche du cheval.

Pendant la phase d'abord et pendant le saut, le cavalier conserve son propre équilibre longitudinal, dans l'axe du saut.

**À SAVOIR**

• Ne vous engagez pas dans une épreuve de CSO en utilisant une selle dont vous n'avez pas l'habitude. Il faut l'utiliser auparavent pendant quelques séances pour adapter votre équilibre.
• Lorsque le cavalier est en équilibre, les étrivières sont verticales.

## ADAPTER SON ÉQUILIBRE LORS D'UN ENCHAÎNEMENT DE SAUTS

Dans un enchaînement de sauts, une perte d'équilibre sur un obstacle est généralement amplifiée sur l'obstacle suivant : cela peut se traduire par une faute.

Plus les sauts sont rapprochés, moins le cavalier dispose de temps pour rattraper un équilibre défectueux.

Les erreurs d'équilibre du cavalier les plus fréquentes sont :

- **« précéder le cheval »** : anticiper le saut en avançant les épaules et le buste ce qui « met le cheval dans le vide », juste avant de sauter. Il est alors enclin à refuser,
- **« rester en arrière »** en chargeant le rein du cheval pendant le saut, ce qui le gêne pour « passer ses postérieurs »,
- **« rester accroché aux rênes »**, ce qui gêne le mouvement du balancier formé par la tête et l'encolure.

Le cavalier a la possibilité de jouer sur son propre équilibre, pour «remettre sur les hanches, un cheval qui est sur les épaules». Dans ce cas, il déplace une partie de son propre poids vers l'arrière et relève l'encolure, par un ou plusieurs demi-arrêts.

ÉQUITATION

### À SAVOIR

Dans la phase d'abord, particulièrement, ne modifiez pas votre équilibre par des mouvements désordonnés afin de ne pas troubler celui du cheval. Lorsque l'abord est correct, le saut se passe généralement dans de bonnes conditions.

## ADAPTER L'AMPLITUDE DES FOULÉES À L'ENCHAÎNEMENT DE SAUTS

ÉQUITATION

Dans les niveaux élémentaires, les obstacles rapprochés sont généralement séparés par un nombre juste de foulées.
Mais la longueur moyenne des foulées, dépend de la taille du cheval, de sa vitesse et d'autres facteurs.

De plus, la distance qui reste à couvrir est modifiée en fonction du point de réception du premier élément.

Le cavalier peut donc être amené à modifier l'amplitude des foulées pour «arriver juste» sur les obstacles d'une ligne.

Si votre cheval a une grande amplitude ou au contraire des foulées courtes, il est nécessaire d'intervenir pour les ajuster.

▪ Pour **augmenter l'amplitude des foulées** (foulées croissantes), le cavalier agit avec ses jambes et son bassin tout en montant en cadence. Attention à ne pas mettre le cheval sur les épaules.

▪ Pour **raccourcir les foulées** (foulées décroissantes) le cavalier reprend son cheval à chaque foulée, pour réduire l'avancée des antérieurs tout en freinant avec ses propres épaules et son dos.

L'intervention du cavalier ne se fait sentir qu'après deux à trois foulées.

**À SAVOIR**

La reconnaissance a permis de mesurer au pas les distances entre les obstacles rapprochés, pour déterminer le nombre de foulées que le cheval devra effectuer entre deux éléments. Dans un sol profond, les foulées sont raccourcies.

## CONDUIRE SUR UN TRACÉ PRÉCIS ET CHOISI POUR ENCHAÎNER LES SAUTS

Les obstacles doivent être abordés au milieu et perpendiculairement. Le tracé a été choisi pendant la reconnaissance, afin que le cheval franchisse les obstacles dans de bonnes conditions : perpendiculairement et au milieu.

Pour gagner du temps dans un barrage, le cavalier prend parfois des risques de dérobade, en abordant les obstacles de biais. Il est alors indispensable de bien encadrer le cheval et de placer la battue d’appel au bon endroit, afin qu’il ne soit pas enclin à dérober.

Lorsqu’une courbe rejoint deux obstacles, il est possible de jouer sur le rayon de la courbe pour placer la battue d’appel au bon endroit, sans modifier l’amplitude des foulées.

Un cheval bien dressé peut changer de pied pendant le saut pour aborder le tournant suivant sur le bon pied. Il suffit dans ce cas, d’inverser les aides pendant le planer. En cas de dérobade, pour corriger le cheval de sa défense, arrêtez-le vigoureusement et revenez sur l’obstacle du côté opposé à celle-ci.

ÉQUITATION

### ● LES AIDES UTILISÉES

Le cheval est conduit sur les courbes larges par des effets d’ouverture, qui ne prennent pas sur l’impulsion.

■ Le buste est orienté dans la direction à prendre.

■ La jambe intérieure est à la sangle, tandis que la main extérieure maintient les épaules, et que la jambe extérieure évite que les hanches dérapent.

**À SAVOIR**

Certains chevaux ont tendance à dévier légèrement à l’abord de l’obstacle. Dans ce cas il faut canaliser le cheval dans le «couloir des aides», pour qu’il arrive droit. Un toucher des antérieurs est généralement imputable au cheval et une faute de postérieur à une erreur du cavalier.

# CROSS

## STABILISER SON ÉQUILIBRE, SUR LES ÉTRIERS, LORS D'UN ENCHAÎNEMENT DE SAUTS EN TERRAIN VARIÉ

En sautant des obstacles fixes, le cavalier doit conserver son propre équilibre pour des raisons de sécurité, sans cependant gêner le cheval.

**Entre les obstacles**

- En terrain horizontal, le cavalier galope en équilibre, en chaussant relativement court.
- En montée, le cavalier incline son buste en avant, en conservant le contact avec la bouche du cheval. Les fesses sont dégagées de la selle, de façon à soulager l'arrière-main du cheval.
- En descente, le buste se redresse quelque peu, sans que les mains ne perdent le contact avec la bouche du cheval.

**Sur les obstacles en terrain plat**

- Dans la **phase d'abord**, le cheval doit ralentir, pour se préparer à la détente. Chaussé assez court, le cavalier a tendance à être rejeté vers l'arrière si ses épaules ne sont pas relâchées vers l'avant. Le bas du corps reste verrouillé.
- Lors de la **détente** qui fait suite à la battue d'appel, il faut pencher le buste en avant pour soulager l'arrière-main du cheval.
- Pendant le **planer**, pour des raisons de sécurité, le cavalier reste près de la selle, sans trop se pencher en avant. Il faut, en effet, éviter de sortir les fesses de la selle.
- La **réception** correspond à un brusque ralentissement. La pince formée par les jambes reste verrouillée, et les épaules se relâchent, pour permettre aux mains de suivre le mouvement de l'encolure, tout en conservant le contact avec la bouche du cheval. À ce moment, le cavalier doit être prêt à relancer le cheval tout en assurant la direction. Dans la réception d'un contrebas, le cavalier redresse le buste à la verticale, pour mettre son poids au-dessus du centre de gravité du cheval.

ÉQUITATION

**À SAVOIR**

Cinq à six foulées avant l'obstacle, il faut mettre le cheval en équilibre. Le demi-arrêt permet de «remettre du poids sur les hanches», pour le rééquilibrer.

contre haut :
la réception est
sufisamment loin pour
permettre aux postérieurs
de se poser

## ADAPTER SON ÉQUILIBRE SUR LES ÉTRIERS, AU PROFIL DES TERRAINS ET/OU AUX ÉVENTUELLES DÉCLIVITÉS

Dans un parcours qui présente des déclivités, il est nécessaire d'adapter son équilibre au profil des obstacles et aux déclivités du sol.

▪ **Obstacles verticaux**
Dans la phase d'abord, il est nécessaire de ralentir le cheval, car la trajectoire est élevée.

▪ **Obstacles larges et de volée**
Ils doivent être franchis dans le train, sans cependant accélérer. La trajectoire est allongée, le cavalier reste près de la selle, en équilibre sur les étriers.

▪ **Obstacles en pointe** (en forme de V)
L'équilibre est variable suivant que l'obstacle est franchi en un seul saut, avec un saut de puce ou une foulée intermédiaire.

▪ **Obstacles en montée et contre-haut**
Le cheval entre dans l'obstacle avec une forte impulsion. La battue d'appel doit être placée au pied de l'obstacle, pour que la réception se fasse suffisamment loin, de façon à laisser de la place pour les postérieurs. Le cavalier soulève ses fesses de la selle, pour ne pas gêner l'arrière-main. Il incline son buste en avant, pour éviter d'être rejeté en arrière.

contre bas :
redressez votre buste

**ÉQUITATION**

**À SAVOIR**

En se rapprochant de la selle, le cavalier améliore la précision de ses actions, particulièrement des mains qui restent près du garrot pour conserver une tension correcte.
Notez que le fossé placé devant l'obstacle, impressionne davantage le cavalier que le cheval.

# CROSS

## ■ Obstacles en descente et contrebas

L'obstacle est abordé lentement, de façon à adoucir la réception. La trajectoire est moins élevée, si la battue est prise de loin.
À la réception, il faut laisser filer les rênes et redresser le haut du corps pour conserver son équilibre et éviter de charger l'avant-main.

## ■ Obstacle panoramique

L'entrée se fait souvent par un contre-haut, il faut donc de l'impulsion. Ensuite, le cheval peut hésiter en découvrant l'arrière de l'obstacle au dernier moment.
Le cavalier conserve un équilibre rapproché de la selle, tout en assurant la conduite.

## ■ Le gué

L'eau impressionne le cheval car il n'en voit pas le fond. Il faut le ralentir tout en l'incitant à entrer dans l'eau. Le contact de l'eau le fait fortement ralentir. Conserver le contact avec les rênes en redressant le buste, pour éviter de charger l'arrière-main. Le fond du gué peut être irrégulier, conserver le contact avec la bouche. Attention à la sortie, car le cheval part généralement de loin.

**À SAVOIR**

Par mauvais temps, les abords des obstacles se dégradent avec le passage des chevaux. Le cavalier peut donc être amené à modifier les options choisies au départ.

le terrain lourd ralentit...

... mais que dire de la chute !

## ADAPTER LA VITESSE EN FONCTION DES DIFFICULTÉS DU PARCOURS

Dans un cross, de série D, des repères disposés sur le parcours indiquent les minutes rondes. Elles permettent au cavalier de se caler pour régler le train du cheval.

Pour ne pas marquer de pénalité, il faut terminer le parcours dans une fourchette de temps calculée en fonction de la vitesse imposée qui dépend du niveau de l'épreuve.

### ● TRONÇONS SUJETS À RALENTISSEMENT

- les terrains gras et profonds ;
- les tronçons sinueux ;
- les zones mal éclairées (sous-bois) ;
- face au soleil ;
- les faux plats, particulièrement en descente ;
- les éventuelles fautes : refus, chute...
- les obstacles ;

ralentissent le cheval.

Les obstacles larges se franchissent plus rapidement que les verticaux. Les obstacles en descente se franchissent très lentement.

Il faut prendre de l'avance sur les tronçons rectilignes qui le permettent, de façon à compenser les pertes de temps.

Relancez également le cheval dès la réception de l'obstacle, pour le remettre dans le train.

### ● LE CHRONOMÈTRE

Pour gérer le temps, vous pouvez vous servir de deux types de chronomètres :

- le chronomètre affichant le temps avec des grands chiffres visibles ;
- le chronomètre à sonnerie. Une sonnerie retentit pendant 10 secondes avant et 10 secondes après chaque minute ronde. Le cavalier n'a donc pas besoin de regarder son chronomètre.

**À SAVOIR**

Si le cheval a tendance à accélérer, ne lui donnez pas de point d'appui, mais cédez et reprenez pour le remettre dans le train. De nombreux chevaux ont tendance à «chauffer» et accélèrent de plus en plus pendant le parcours, en prenant un point d'appui sur le mors, ce qui est particulièrement fatiguant pour le cavalier.

## CROSS

### CONDUIRE SUR UN TRACÉ PRÉCIS ET CHOISI EN ENCHAÎNANT DES SAUTS EN TERRAIN VARIÉ

**ÉQUITATION**

En cross, conduisez votre cheval avec des effets directs qui ne prennent pas sur l'impulsion. Autant que possible, tracez le parcours le plus rectiligne possible, car les virages ralentissent le cheval et modifient son équilibre.

Avant d'aborder un tournant, pensez à prévenir le cheval par une indication de main pour éviter qu'il ne soit surpris.

Au galop, il est indispensable de tourner sur le bon pied, quitte à en changer avant le changement de direction.

Le tracé du parcours d'un cross est imposé, mais des obstacles, comme la pointe ou certaines combinaisons, proposent plusieurs options.

Lors de la reconnaissance, le cavalier prend des repères fixes, pour franchir l'obstacle à l'endroit choisi.

**À SAVOIR**

Dans un obstacle à option, le débutant a intérêt à choisir l'option longue mais facile, quitte à perdre quelques secondes.

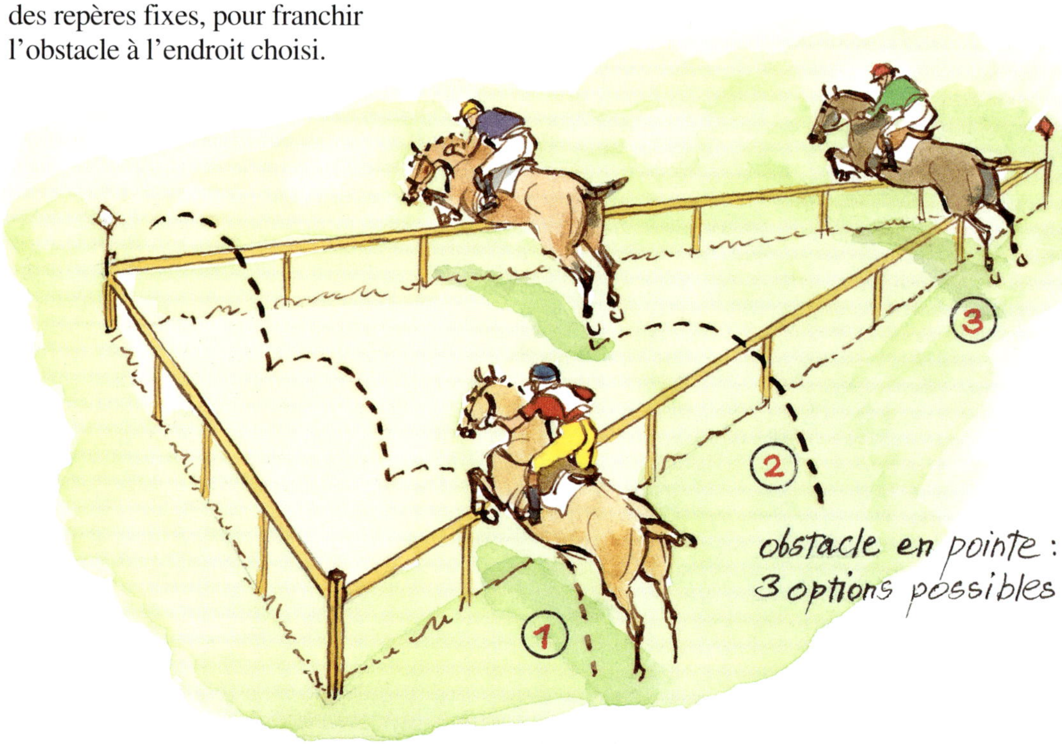

## TRAVAILLER À LA LONGE, UN CHEVAL OU UN PONEY ENRÊNÉ



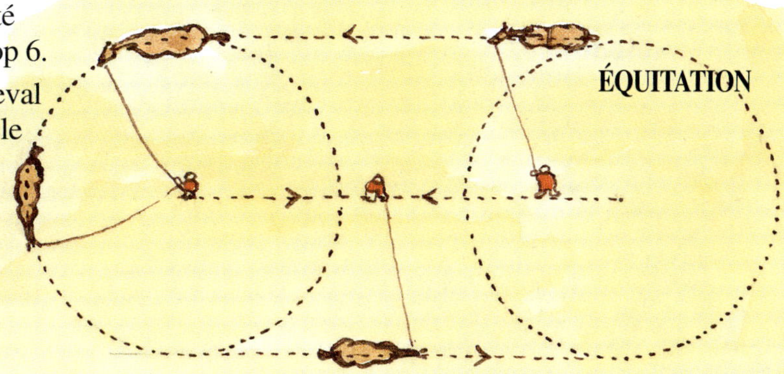

Le travail à la longe d'un cheval enrêné, a été étudié aux pages 52 à 55 du manuel du Galop 6.

Au Galop 7, il est demandé de longer un cheval aux trois allures et de savoir déplacer le cercle au pas ainsi qu'au trot.

Le cheval doit conserver sa place, la longe tendue, sans tirer.

Lorsque le cheval est équilibré, le longeur pivote autour du talon du côté où tourne le cheval : talon droit si le cheval tourne à main droite.

### ● COMMENT DÉPLACER LE CERCLE

Tout en conservant la longe tendue, déplacez-vous sur une ligne parallèle à la direction prise par le cheval :

- la chambrière est dirigée vers l'arrière-main,
- longe tendue, marchez de côté, à hauteur du surfaix du cheval, la ligne de vos épaules parallèle à son corps,
- stoppez votre déplacement, pour remettre le cheval sur le nouveau cercle.

Soyez très progressif. Au début, commencez à déplacer le cercle de quelques mètres seulement.

Le cercle doit avoir environ 6 mètres de rayon. Ne descendez pas en dessous de cette dimension pour le travail au galop.

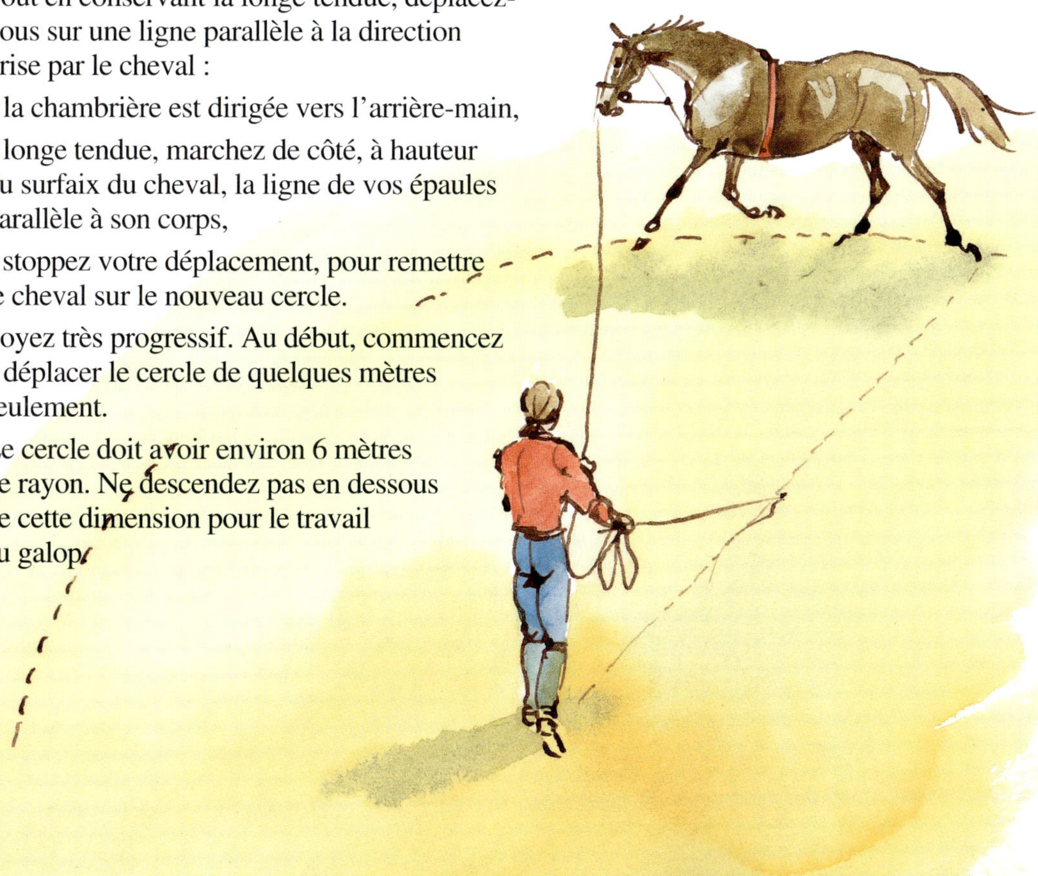

**À SAVOIR**

Le travail avec un enrênement est contraignant pour le cheval. Il faut le régler progressivement et équilibrer le travail aux deux mains. Une séance de vingt à trente minutes au total, est amplement suffisante.

## GALOP 7

# TOILETTER UN CHEVAL OU UN PONEY

*Les soins ci-après, s'ajoutent à ceux des Galops 5 et 6.*

Après avoir soigneusement pansé le cheval, vous pouvez le toiletter pour améliorer son esthétique et sa présentation : à l'occasion d'un concours par exemple.

**SOINS**

## LA CRINIÈRE ET LE TOUPET

Commencez par les brosser, en démêlant soigneusement les crins. Ensuite :

### • EFFILEZ LA CRINIÈRE

Arrachez progressivement les crins du dessous, pour que la crinière reste plaquée. Commencez l'effilage au niveau de la nuque. Enroulez une mèche après l'autre sur la grosse dent du peigne, et tirez d'un coup sec pour arracher les crins. N'utilisez pas de ciseaux. Il reste à égaliser la crinière en arrachant les crins qui dépassent, de façon à ce qu'elle forme une courbe parallèle au sommet de l'encolure, et se termine en rejoignant progressivement le garrot. Effilez également le toupet.

### • DÉGAGEZ LE PASSAGE DE TÊTIÈRE,

en coupant les crins à ras, sur une longueur d'environ 5 cm. Ainsi, la têtière a un contact franc avec l'encolure.

**À SAVOIR**

Lorsqu'il fait chaud, les crins s'arrachent plus facilement. Les chevaux qui séjournent en pâture sont laissés « tous crins », pour pouvoir chasser les mouches et se protéger de la pluie.

## LA TÊTE

Avec des ciseaux à bouts ronds, coupez les poils qui dépassent des oreilles, après avoir fermé le lobe avec la main. Ne touchez pas aux poils internes, qui empêchent la pénétration des mouches. Coupez également les poils longs de l'auge et des joues, sans toucher aux poils tactiles situés sur le bout du nez et sur la lèvre inférieure.

# TOILETTER UN CHEVAL OU UN PONEY

## LES MEMBRES

Les fanons des chevaux élevés en box, sont coupés relativement courts. Si le cheval séjourne en pâture, les poils sont laissés plus longs, car ils jouent un rôle de gouttière et évitent aux plis des pâturons de souffrir de l'humidité.
Avec des ciseaux, coupez également les longs poils qui poussent à l'arrière des canons. Avec un couteau à bout rond, vous pouvez également niveler les châtaignes.

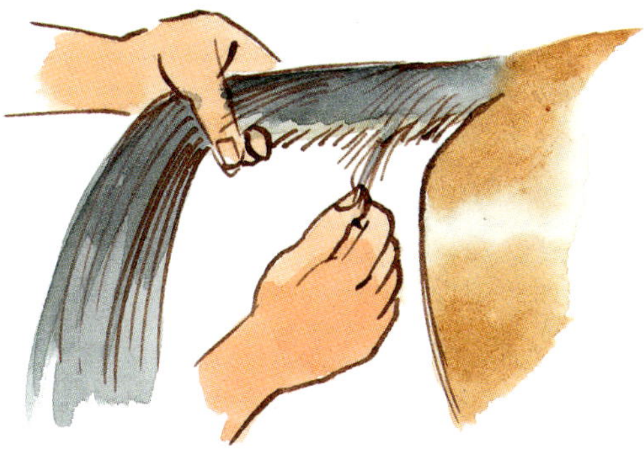

## LA QUEUE

Mèche par mèche, arrachez à la main (protégée avec des gants) les crins morts ainsi que les mèches du dessous qui pendent à partir du couard. Arrachez ensuite les poils latéraux du haut de la queue. Notez que le couard de la jument est laissé plus fourni que celui du mâle.
Coupez l'extrémité de la queue. Pour obtenir son port naturel, passez le bras sous le haut de la queue, glissez l'autre main le long des crins jusqu'à la longueur voulue : au plus court, à un plat de main sous la pointe du jarret. Coupez l'excès de longueur avec des ciseaux ou un couteau bien affûté à bout arrondi.

**À SAVOIR**

Vous pouvez laisser le haut de la queue « tous crins », pour pouvoir la tresser. La crinière peut être complètement rasée.

# TOILETTER UN CHEVAL OU UN PONEY

## TRESSAGE : STYLE CLASSIQUE

À l'occasion d'une présentation ou d'une épreuve, la crinière et la queue peuvent être tressées.

### LA CRINIÈRE

Humectez les crins avant d'effectuer des nattes à trois brins. À partir de la nuque, divisez la crinière en mèches régulières ; traditionnellement un nombre impair. Divisez ensuite chaque mèche en trois brins qui sont tressés bien serrés. Arrêtez les tresses avec un élastique ou éventuellement du fil. Le toupet est généralement tressé. Pliez ensuite les tresses deux fois sur elles-mêmes, pour former de petits macarons maintenus par un élastique doublé ou solidement cousus. Par souci d'esthétique, vous pouvez recouvrir les élastiques avec un ruban adhésif blanc.

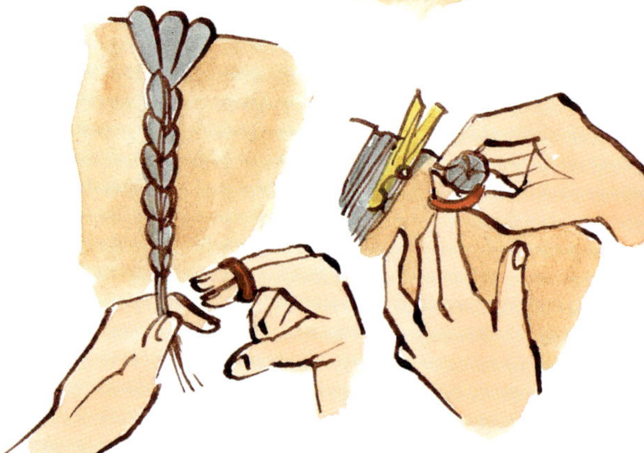

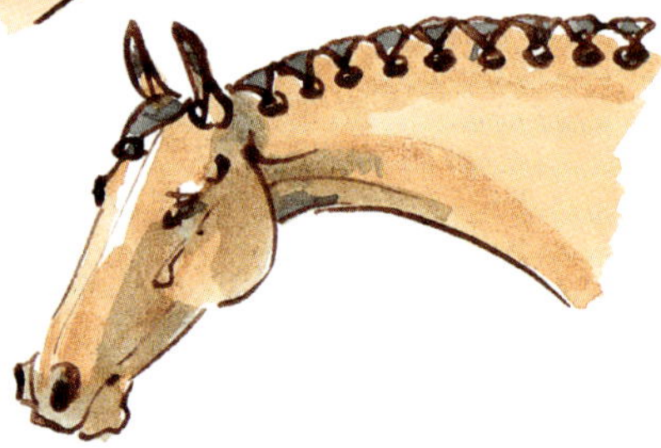

### LA QUEUE

Lavez la queue dans un seau, en utilisant du shampooing. Humidifiez les crins après avoir toiletté la queue. Le tressage débute le plus haut possible, et jusqu'à l'extrémité du couard. Des mèches latérales sont tressées de façon à enserrer cette partie rigide de la queue. Il faut bien serrer les nattes dès le début.
À partir du couard, le nattage se prolonge par une natte qui peut être soit repliée vers le haut et solidement cousue, soit laissée libre. Lorsque le nattage est achevé, protégez la queue en la serrant dans une bande, sur toute la longueur. Évitez de natter la queue la veille, car le cheval peut enlever la bande en se grattant, et arracher ensuite les crins tressés.

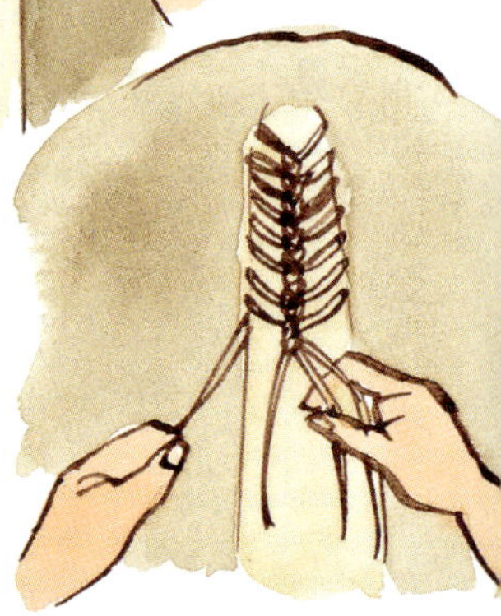

**À SAVOIR**

Après une épreuve ou une présentation, défaites les nattes sinon, les crins s'abîment. En jouant sur la grosseur des nattes, on peut corriger les imperfections de l'encolure.

# TOILETTER UN CHEVAL OU UN PONEY

## COMPLÉMENTS DE TOILETTAGE

Pour améliorer la présentation du cheval, vous pouvez également :

- laver les balzanes et la liste ou les blanchir avec de la craie
- noircir les sabots avec un onguent noir ;
- faire des damiers sur la croupe ;
- faire ressortir le tour des yeux, des naseaux et de la bouche, avec du gel spécial.

### STYLES PARTICULIERS

La crinière des pur-sang arabes est rasée sur un très long passage de têtière, ce qui affine l'extrémité de l'encolure.

- Les longues crinières des chevaux ibériques sont généralement tressées en damier.
- La tradition veut que les crinières des chevaux de trait soient nattées avec une tresse de fils de laine décorées de fleurs en papier crépon.
- La crinière des poneys fjord est coupée en brosse et celle des chevaux de chasse ou de polo est parfois complètement rasée.

### LA TONTE

En automne, le cheval se couvre d'une toison de poils épais qui le protège du froid. Sous ce chaud poil d'hiver, il transpire lorsqu'il travaille ; il est ensuite difficile de le sécher et il risque de prendre froid. Pour éviter ces problèmes et pour favoriser le pansage et l'hygiène, on peut tondre le cheval. À l'écurie, il faut alors le protéger avec une couverture lorsqu'il fait froid.
Il existe plusieurs styles de tonte :

- la **tonte de chasse** où le cheval est pratiquement tondu en totalité ;
- la **tonte de course** où le dos n'est pas tondu;
- la **tonte en manteau**, conseillée si le cheval séjourne sous la pluie.

#### À SAVOIR

En cross, la queue peut être tressée et remontée pour éviter qu'elle se salisse ou s'accroche dans des branches.
Pour que la poussière ne salisse pas les poils, on peut vaporiser un spray antistatique sur toute la robe ; attention aux yeux et aux réactions du cheval

GALOP 7

# DÉMONTER ET REMONTER UNE BRIDE POUR L'ENTRETENIR

## DESCRIPTION

La bride, dite complète, comporte un mors de filet et un mors de bride équipé d'une gourmette. L'ensemble comprend deux paires de rênes. Une muserolle complète la bride.
Une fausse gourmette empêche le cheval de jouer avec les branches de son mors. En démontant la bride, on remarque que le filet n'a qu'une boucle de réglage, alors que la bride en a deux. On remarque également, que la têtière de la bride, du filet, et le montant de la muserolle, se superposent dans les passants du frontal. La têtière de bride est placée dessus, celle du filet dessous.
Les rênes de filet sont assemblées avec une boucle, alors que celles de bride sont cousues.

## DÉMONTAGE

Enlevez d'abord les rênes, puis le mors avant de défaire les montants. Défaites ensuite toutes les boucles et enlevez les pièces de cuir maintenues dans les passants du frontal.
Nettoyez toutes les parties en cuir avec du savon glycériné et graissez-les modérément. Nettoyez également le mors à l'eau claire avec une brosse. Profitez-en pour vérifier que les coutures sont intactes et que le cuir n'est pas trop usé ; surtout aux endroits en contact avec les pièces métalliques. Il reste ensuite à remonter la bride.

## REMONTAGE

- Enfilez la têtière de bride (double montant) dans les passants du frontal ;
- bouclez les montants de bride sur la têtière ;
- bouclez le mors de bride. Bouclez les rênes sur le mors : celles qui sont reliées avec une couture;
- mettez en place le montant de filet, avec la boucle de réglage à gauche ; fermez la boucle - du montant ;
- bouclez le mors de filet et mettez les rênes en place. Celle munie d'une boucle est à gauche ;

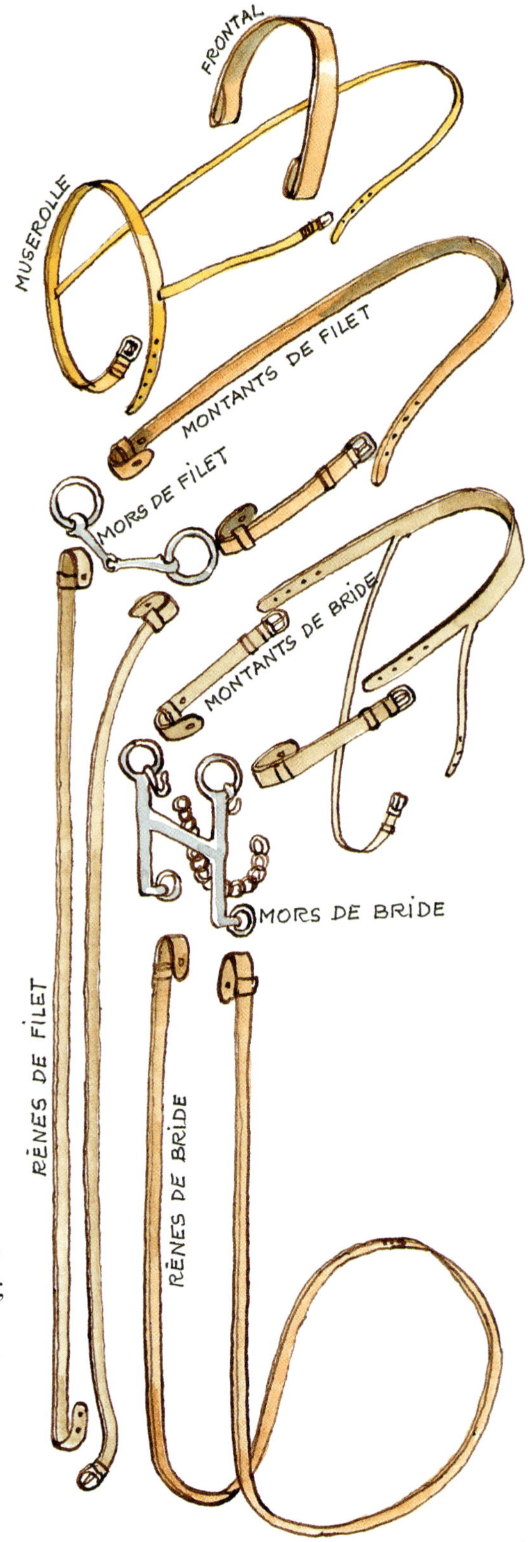


SOINS

### À SAVOIR

Si la bride est équipée de crochets de montage, ceux-ci sont disposés vers l'intérieur. Quant aux boucles, elles sont situées à l'extérieur. Une embouchure mal adaptée, sale ou mal réglée, peut blesser la bouche du cheval.

# DÉMONTER ET REMONTER UNE BRIDE POUR L'ENTRETENIR

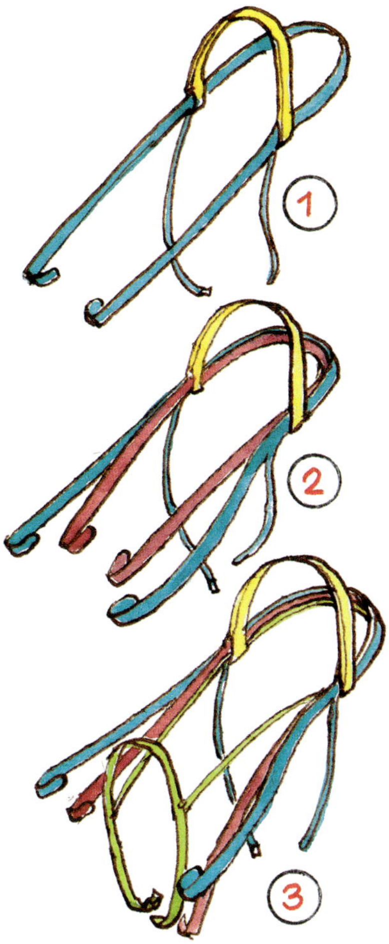


Ordre de montage

- enfilez le montant de la muserolle dans les passants du frontal, sous les autres montants;
- il reste à mettre en place la gourmette et éventuellement la fausse gourmette.

## RÉGLAGE DE LA BRIDE

Les chevaux ont des longueurs de têtes et des largeurs de bouches différentes. Le réglage est obtenu en tenant compte des critères suivants :

- La longueur du canon du mors est supérieure de quelques millimètres à la largeur de la bouche du cheval
- Le mors de filet, une fois ajusté, doit être en contact avec les commissures des lèvres, en les plissant légèrement, mais sans les comprimer. Le réglage se fait sur le montant.
- Le mors de bride est en contact avec les barres :
  - à deux travers de doigts des crochets de la mâchoire intérieure chez le mâle,
  - à trois travers de doigts des coins de la bouche de la jument, qui n'a pas de crochet en principe.

Ce réglage se fait sur les montants.

- La gourmette est réglée d'après le repère suivant : lorsqu'elle est disposée à plat à hauteur de la barbe, les branches du mors basculent au maximum de 45°, par rapport à l'axe de la tête
- Le bord de la muserolle française est à deux travers de doigts sous l'apophyse zygomatique.
- Dans la bouche du cheval, le mors de filet est placé au-dessus du mors de bride.

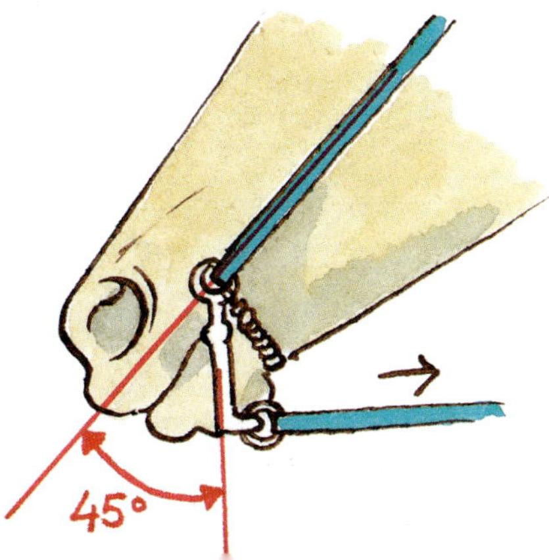


**À SAVOIR**

Plus petit est le diamètre du canon du mors, plus celui-ci est autoritaire. Plus longue est la branche du mors de bride, plus le bras de levier est puissant.

# EMBARQUER ET DÉBARQUER UN CHEVAL OU UN PONEY



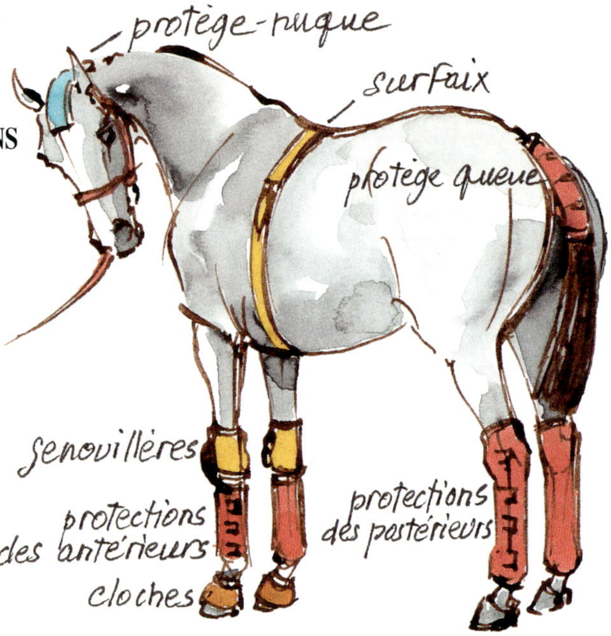


Pour éviter au cheval de se blesser pendant le transport, il est indispensable de protéger les parties à risques ; particulièrement les membres. Les protections de transport ont été étudiées au Galop 4 (voir manuel Galops 1 à 4 page 116).
Les principaux risques de blessure ont lieu à l'embarquement et au débarquement.

## EMBARQUEMENT

Dans un camion, les chevaux sont souvent disposés, tête bêche, en biais alors que dans un van, ils sont placés dans le sens de la marche.
Lorsque le cheval est prêt, marchez franchement au milieu du pont sans tirer sur la longe, car cela l'inciterait à reculer. S'il hésite, demandez à une personne, placée derrière, de l'inciter calmement à monter. Vous pouvez aussi lui présenter un seau d'aliment. Dès qu'il est monté, fermez la barre ou la chaîne de queue.
S'il voyage en biais, demandez à un aide de le faire tourner avant de fermer le bat-flanc.
Attachez le cheval suffisamment court, pour qu'il ne puisse pas se chamailler avec ses voisins.
Par contre, s'il voyage dans le sens de la marche, ne l'attachez pas trop court, car il doit

**À SAVOIR**

Ne laissez jamais les crampons pendant le transport, car ils peuvent blesser le cheval.
Dans un van à deux places, une grille empêche les chevaux de se mordre.

pouvoir avancer et reculer entre la barre de poitrail et la barre de fesses.
Utilisez un nœud d'attache, qui se défait par simple traction de l'extrémité libre.
Si vous ne transportez qu'un seul cheval dans un van à deux places, mettez-le à gauche pour que le van supporte mieux le dévers de la route.

*embarqués latéralement*

## DÉBARQUEMENT

N'enlevez pas la barre ou la chaîne de fesses, si le cheval n'est pas détaché, car certains sujets reculent brusquement.

Placez-vous devant le cheval  et faites-le reculer calmement. Il doit rester droit jusqu'à ce qu'il ait complètement dégagé le pont, car les côtés du pont sont dangereux.

Faites descendre les chevaux calmement au pas et dans l'axe du pont, car ils peuvent tomber, en se mettant de côté sur le pont.

Si vous le débarquez d'un camion, mettez-vous à côté du cheval, car il peut sauter.

En débarquant plusieurs chevaux, dégagez-les au fur et à mesure qu'ils descendent.

Certains vans sont équipés d'une sortie avant, qui favorise le débarquement.

*barre de fesses*

### À SAVOIR

Après un long parcours, attendez quelques minutes avant de débarquer le cheval. Il doit en effet retrouver son équilibre à l'arrêt.

*Pour débarquer, faites-vous eventuellement aider pour qu'il recule droit*

# LES APLOMBS

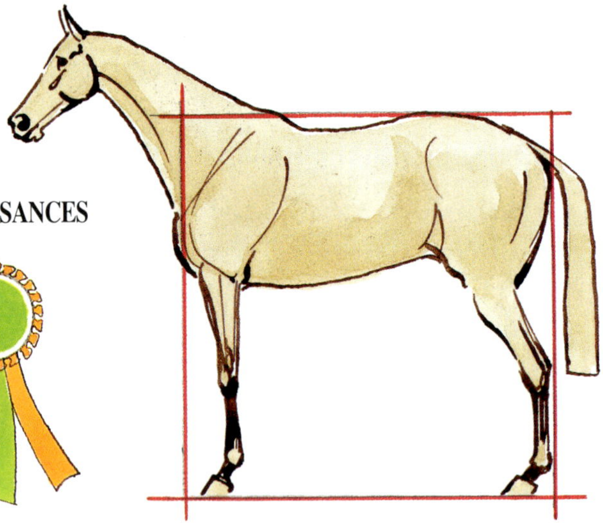

CONNAISSANCES

*Les thèmes ci-après, s'ajoutent à ceux des Galops 5 et 6.*

Les aplombs correspondent aux directions des membres. Ils sont jugés sur un terrain horizontal à l'arrêt ainsi qu'en marche. *À l'arrêt,* on parle d'aplombs **«réguliers»**, lorsque les membres sont verticaux. Dans le cas contraire, les aplombs sont **«irréguliers»**.

## ● APLOMBS DES MEMBRES ANTÉRIEURS

■ *De face* : la verticale qui passe par la pointe de l'épaule doit diviser le bas du membre en deux parties égales.

■ *De profil* : la verticale passant au tiers de l'épaule doit diviser le membre en deux parties égales et tomber un peu en arrière des talons.

## ● APLOMBS DES MEMBRES POSTÉRIEURS

■ *De derrière* : la verticale passant à la pointe de la fesse, doit diviser le membre en deux parties égales.

■ *De profil* : la verticale passant à la pointe de la fesse doit passer à la pointe du jarret, longer les tendons et tomber un peu en arrière des talons.

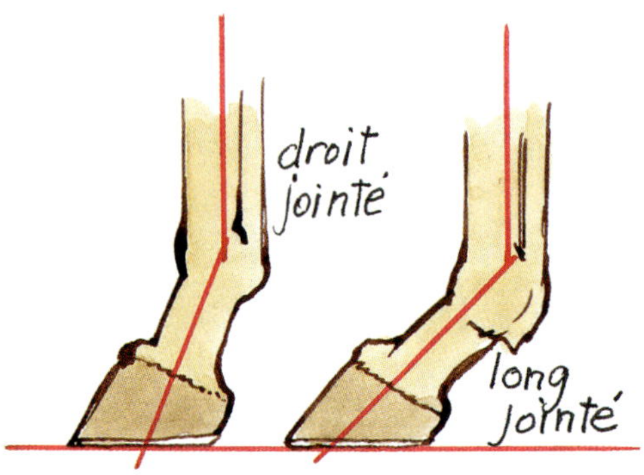


## ● BAS DES MEMBRES

■ Le cheval est dit **«bouleté»** quand ses boulets sont rejetés en avant de la ligne d'aplomb.

■ On parle de **«pied pinçard»**, lorsque les talons restent en l'air et que la sole n'est pas en contact avec le sol, lorsque le membre est à l'appui.

■ Si le paturon est court et vertical, on parle de **«cheval court et droit jointé»**, ce qui provoque des allures inconfortables. Ce type de cheval est prédisposé à des tares osseuses.

■ À l'inverse, un cheval **«long et bas jointé»**, est naturellement confortable, mais ses tendons sont davantage sollicités.

**À SAVOIR**

Des aplombs défectueux usent prématurément le cheval. La maréchalerie orthopédique peut cependant corriger certains défauts.

# LES APLOMBS

## APLOMBS EN MARCHE

Voici quelques irrégularités d'allure, où les deux membres du même bipède ne se déplacent pas dans un même plan.

- **«Panard en marche»** : le cheval est exposé à se couper.
- **«Cagneux en marche»** : le cheval billarde en tournant, son pied vers l'extérieur au lever.
- **«Jarrets vacillants»** : jarrets qui se portent en dehors.
- Le cheval **«se croise»** lorsque ses pieds se posent l'un devant l'autre, au risque de se toucher.
- Il **«se touche»**, lorsqu'un membre en heurte un autre et **«se coupe»** s'il se blesse.
- Il **«forge»** lorsque le fer d'un postérieur heurte celui d'un antérieur.
- Les genoux peuvent **«se couronner»** à la suite d'une chute.
- On dit que le cheval **«rase le tapis»** s'il effleure régulièrement le sol avec la pince du sabot, en la laissant traîner.

jarrets vacillants

cagneux en marche

rase le tapis

forge

### À SAVOIR

Dans une allure normale, les membres sont portés en avant : sans dévier : ni en dehors, ni en dedans. Le cheval marche alors en ligne. Le pied ne doit pas pivoter lorsqu'il se pose.

## LES ANTÉRIEURS

**VUS DE PROFIL**

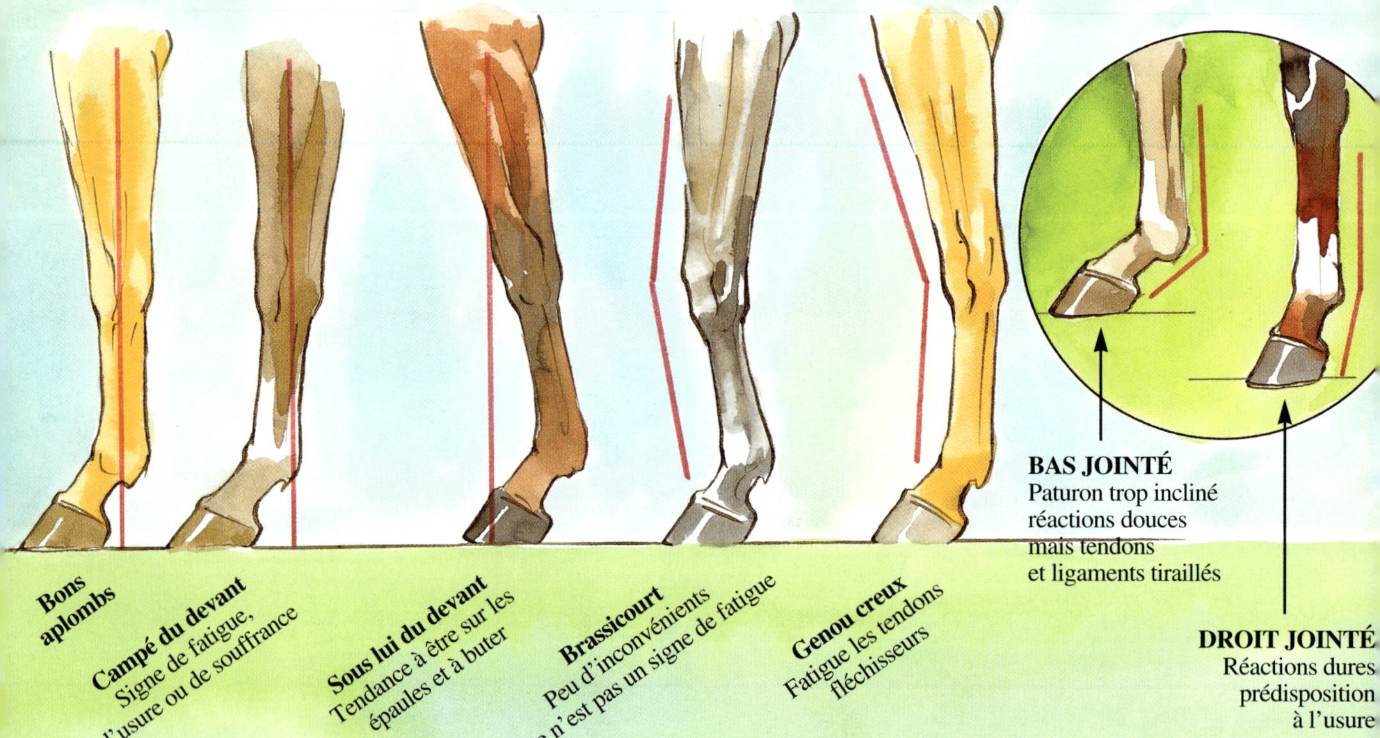


## LES POSTÉRIEURS

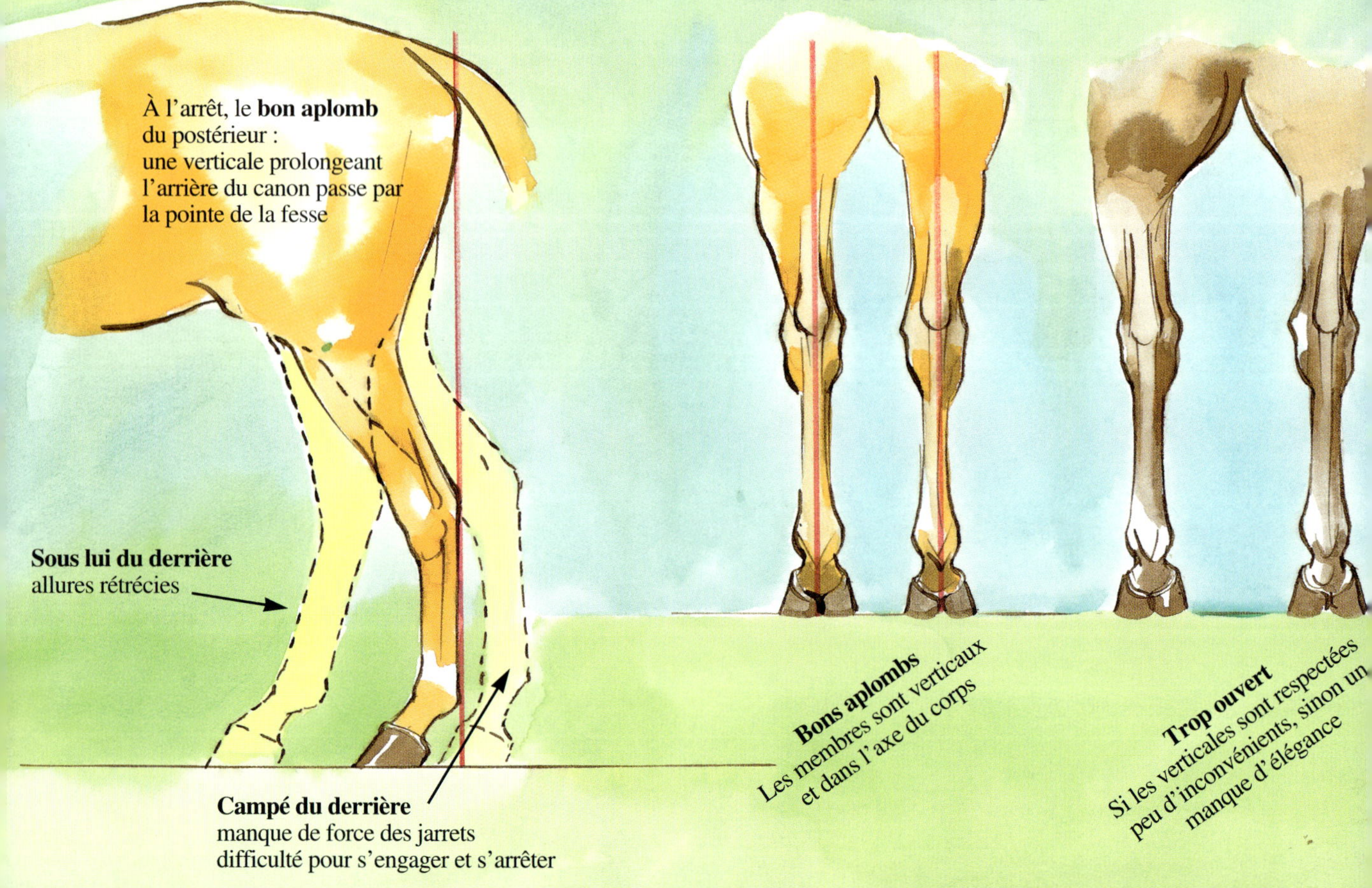

## VUS DE FACE

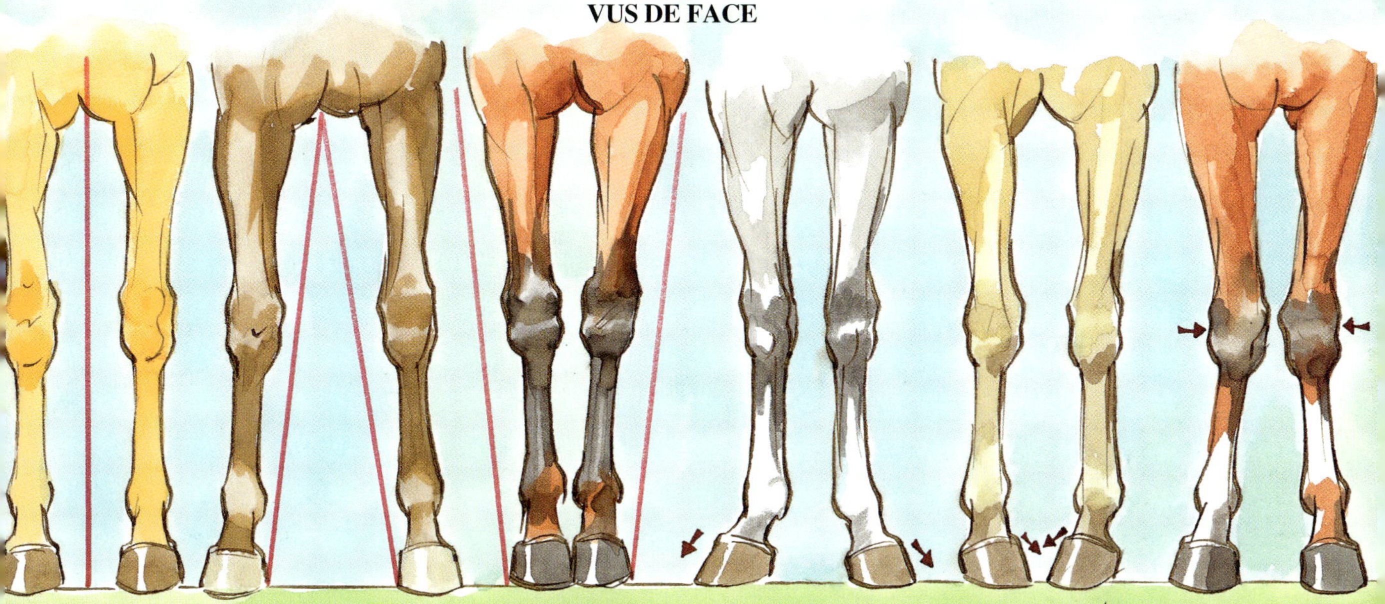

**Bons aplombs**

**Ouvert du devant**
Solide, mais tendance à une marche bercée d'un côté et de l'autre

**Serré du devant**
Se croisant les jambes en marchant, risque de se blesser

**Panard**
Membres tournés en dehors, coudes rentrés, appui incertain

**Cagneux**
Membres tournés en dedans, coudes en dehors, moins ennuyeux que panard

**Genoux de bœuf**
Entraîne un mauvais aplomb des boulets, fâcheux

## VUS DE DERRIÈRE

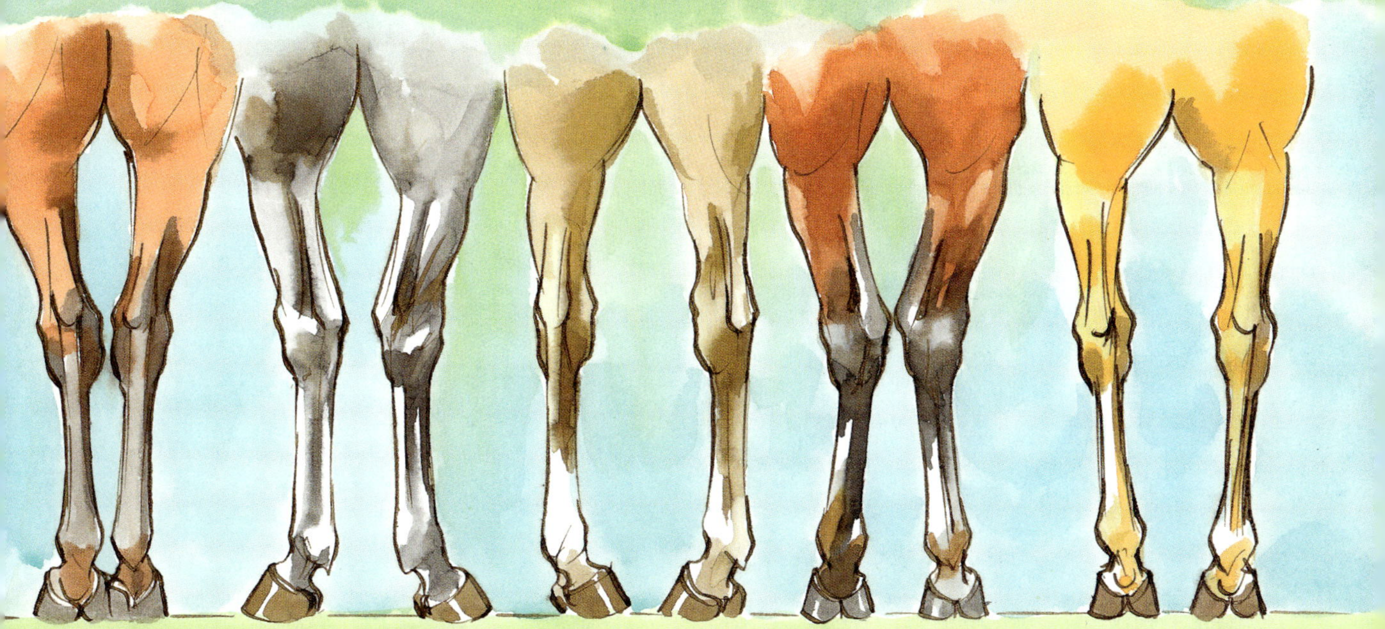

**Trop serré**
Risque pour les pieds de se toucher : blessures

**Panard du derrière**
Membres tournés en dehors. Beaucoup de chevaux sont conformés ainsi. Peu grave

**Cagneux du derrière**
Pointes des jarrets déviées en dehors, pieds tournés l'un vers l'autre, ils se croisent et se blessent

**Jarrets clos**
Pointes des jarrets rapprochées, pieds dans l'axe, ralentit les allures

**Jarrets trop ouverts**
Les jarrets seuls sont écartés, mais les pieds sont dans l'axe. Peu grave mais risque d'atteinte

# L'HYGIÈNE ET LA SANTÉ

CONNAISSANCES

Quelques points de repère permettent de juger si un cheval est en bonne santé :

- Généralement, s'il est couché, il se lève lorsque vous l'approchez ;
- Sa respiration est régulière et profonde. Il est calme. Il ne garde pas la tête basse, ses oreilles sont mobiles et froides, son poil est sec et brillant, son œil vif.
- Il n'a rien laissé de sa ration ;
- Rien ne coule de ses naseaux, il ne tousse pas;
- Il repose normalement sur ses 4 pieds, soulageant éventuellement un postérieur. Les 4 pieds sont froids;
- Ses crottins sont moulés, sauf s'il est au pré. Son urine est jaune trouble ;
- Sa démarche est souple et régulière.

Une bonne hygiène à l'écurie sauvegarde sa santé.
*Voir «hygiène à l'écurie» et «pansage» dans le manuel Galops 1 à 4.*

En bonne santé : alerte, oeil vif, oreilles mobiles

## ● HYGIÈNE AU TRAVAIL

Le cheval est un athlète. S'il est hébergé en box, il a besoin d'être sorti tous les jours. Le travail demandé doit toujours être très progressif, les efforts adaptés à son âge et à sa condition. Avant tout effort, une période d'échauffement est nécessaire pour mettre en route les fonctions respiratoire et circulatoire. Après le travail, prévoir une période de retour au calme, au pas, avant de donner au cheval les soins nécessaires. Des périodes de détente, doivent alterner avec les séances de travail. Prévoir aussi des périodes de récupération, car des courbatures peuvent faire souffrir le cheval et le rendre rétif. Il faut rester constamment attentif à son cheval et entretenir son moral.

**À SAVOIR**

Dans vos contacts avec les chevaux, si quelque chose vous semble anormal, prévenez l'enseignant ou le palefrenier. Une intervention rapide favorise généralement la guérison.

Souffrant : Triste et abattu

## ● PRÉVENTION VÉTÉRINAIRE

**Vaccins** : Il est obligatoire de vacciner le cheval contre la grippe, la rhinopneumonie et la rage qui sont contagieuses. Il est également conseillé de le vacciner contre le tétanos, ce qui le met à l'abri d'une mort atroce. Les vaccins sont administrés par un vétérinaire. Les vignettes doivent être collées sur le carnet de vaccination ou sur le livret d'accompagnement du cheval.

**Entretien des dents** : une fois par an, il est conseillé de consulter un dentiste équin, qui vérifie et régularise éventuellement les tables dentaires. Il intervient sur les dents, pour que le cheval puisse mastiquer correctement ses aliments.

**Prévention antiparasitaire** : les parasites sont nombreux et vivent aux dépens du cheval. On distingue :

- Les parasites externes de la peau **(teigne, gale, poux...)** qui doivent être traités dès les premières irritations, démangeaisons ou chutes de poils.
- Les parasites internes **(différents vers)** qui vivent dans les intestins et peuvent se déplacer à travers l'organisme. Il faut administrer des vermifuges au minimum deux fois par an (printemps et automne) et plus souvent, si le cheval séjourne en pâture. La seringue buccale contenant un produit en pâte est le mode d'administration le plus courant. Le cheval fortement parasité est très affaibli.

Coliques : campé, il regarde son ventre

vermifugez régulièrement

## QUELQUES MALADIES PRÉOCCUPANTES

Un cheval laissé trop longtemps inactif, peut se mouiller de transpiration sans raison et refuser d'avancer en sortant du box. Laissez-le sur place et surtout, ne le forcez pas à marcher. L'intervention du vétérinaire est urgente.

- Par temps chaud, le cheval peut être victime d'un **coup de chaleur** : il transpire beaucoup, tremble, et sa respiration est haletante. Mettez-le à l'ombre, douchez sa tête et abreuvez-le. La présence du vétérinaire est souhaitée.
- Un cheval qui semble souffrir de l'abdomen gratte le sol, peut chercher à se rouler et transpire beaucoup. Il s'agit certainement d'une **colique**. Il faut le mettre à la diète et appeler le vétérinaire. Certaines coliques sont très graves.

## LES DIFFÉRENTS ÉQUILIBRES

Le poids du cavalier à cheval, modifie l'équilibre naturel du cheval. Les antérieurs ont à supporter sensiblement deux tiers de ce poids supplémentaire, et les postérieurs un tiers seulement. Cette répartition varie suivant la position du cavalier en selle. Pour se mouvoir harmonieusement sur des enchaînements précis et fluides de figures, le cheval doit être parfaitement équilibré.

L'équilibre général du cheval peut se décomposer en :

### • ÉQUILIBRE LONGITUDINAL

Il est déterminé par la répartition du poids entre l'avant-main et l'arrière-main, ce qui modifie la position de son centre de gravité.

### • ÉQUILIBRE LATÉRAL

Il est défini par la répartition du poids entre le côté droit et le côté gauche : bipèdes latéraux droit et gauche. La position du centre de gravité n'est donc pas fixe.

### • ÉQUILIBRE GÉNÉRAL

En fonction de l'exercice demandé, lorsque le poids est justement réparti à la fois dans le sens longitudinal et latéral, le cheval est disposé à exécuter correctement les mouvements demandés.

C'est dans la réussite des changements de direction et dans les variations d'allures, que le cavalier peut juger facilement si le cheval est bien équilibré.

En reportant du poids dans un sens ou dans un autre, le cavalier a la possibilité de modifier l'équilibre du cheval pour l'adapter à l'exercice demandé.

**À SAVOIR**

Par le dressage, le cavalier fait évoluer l'équilibre naturel du cheval. Le cavalier doit ressentir les défauts d'équilibre de sa monture, pour anticiper et rétablir les pertes d'équilibre.

## LA RECTITUDE

Un cheval «droit», marche franchement et d'une façon symétrique, lorsqu'il suit une direction rectiligne.
Cette notion de rectitude s'adapte aux différentes directions suivies.

### SUR UNE LIGNE DROITE

Sur une ligne droite, le rachis (colonne vertébrale) d'un cheval «droit» présente des mouvements symétriques. Les postérieurs suivent alors les mêmes pistes que les antérieurs.

### SUR UNE COURBE

Lorsque le cheval tourne, son rachis doit s'incurver pour s'accorder le mieux possible avec le rayon de la courbe. On dit alors du cheval incurvé, qu'il est «droit sur la courbe».

Un cheval parfaitement droit, exécute avec autant d'aisance, les figures à main droite et à main gauche. Il galope tout aussi souplement aux deux mains. Pour transmettre dans de bonnes conditions l'impulsion venant des postérieurs, le cheval doit être le plus droit possible. Il est cependant rare qu'un cheval le soit parfaitement.

## QUELQUES DÉFINITIONS

### LE CHEVAL SUR LA MAIN

Un cheval est «sur la main», lorsqu'il conserve un contact franc avec la main du cavalier. Sa tête est fixe, son encolure souple. La nuque est en principe le point le plus élevé, le chanfrein est légèrement en avant de la verticale. Le cheval sur la main est «en place», il «travaille juste».

**Défauts :** cheval au-dessus de la main, encapuchonné, plaqué.

CONNAISSANCES

**À SAVOIR**

Les chevaux sont statistiquement plus souvent gauchers que droitiers. Cela provient de la positon du fœtus pendant la gestation.

# CONNAISSANCES

CONNAISSANCES

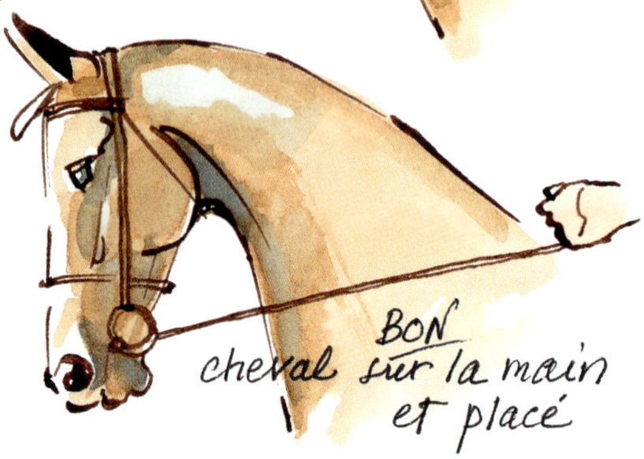


## LE CHEVAL TENDU

est prêt à se mouvoir dans la direction demandée.

C'est au cheval de tendre les rênes en cherchant un contact moelleux avec le mors. La tension découle de l'impulsion venant des postérieurs, et transmise par la colonne vertébrale, avant d'être récupérée par les mains du cavalier.

Les jambes du cavalier ont un rôle prioritaire pour le maintien de l'impulsion sans lequel le cheval ne peut rester tendu.

Un cheval tendu accepte le contact du mors, sans agiter la tête.

## LE PLI

est une légère inflexion latérale de la nuque. L'encolure reste pratiquement rectiligne, les oreilles à la même hauteur.

**Repère :** lorsque le cheval marque le pli d'un côté, le cavalier en selle ne voit que l'arcade sourcilière de l'œil du côté du pli.

- Le pli direct est marqué dans la direction où le cheval se déplace.
- Le pli est contraire (ou inverse) dans le cas contraire : pli à droite lorsque le cheval se déplace à gauche, et inversement.

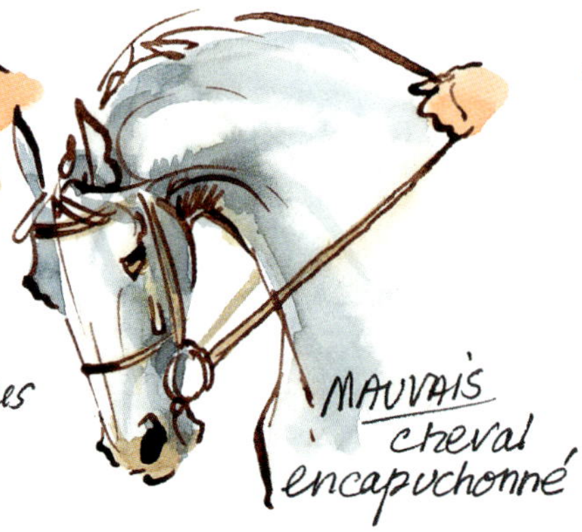

## BRIDES ET EMBOUCHURES PARTICULIÈRES

■ Le **système de pompe** de certaines brides, permet au canon de coulisser sur les branches, ce qui favorise la décontraction de la bouche.

■ Le **hackamore** constitue un levier qui agit sur la barbe et le chanfrein.
Le cheval n'a pas de mors dans la bouche.

■ Le canon peut présenter un **passage de langue**. S'il est très accentué, il peut agir sur le palais.

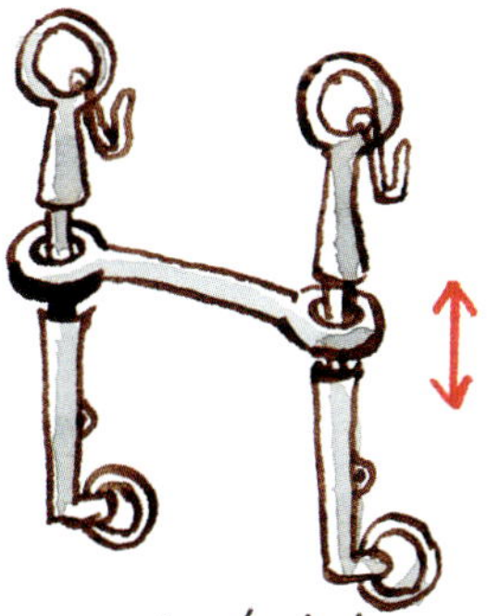

mors de bride "à pompe"

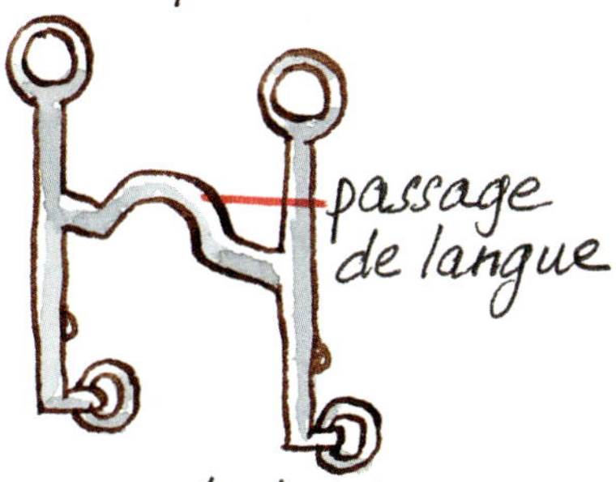


mors de bride

- *Le filet est obligatoire pour les reprises des jeunes chevaux de 4 et 5 ans.*
- *Pour les niveaux élémentaires de dressage, le cavalier a le choix entre le filet et la bride complète. Cette dernière devient obligatoire à partir des reprises FEI (Fédération Équestre Internationale).*

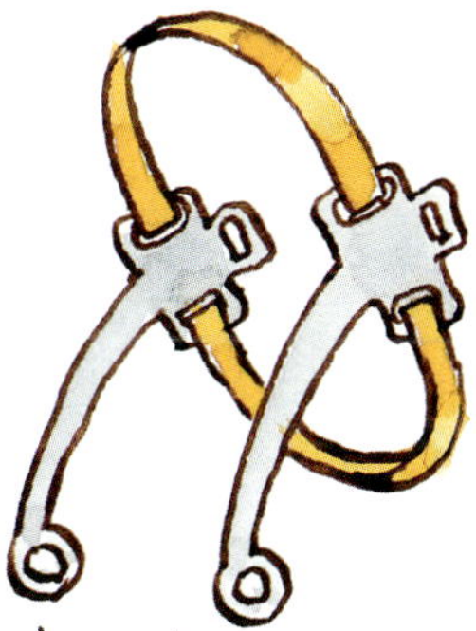

hackamore

le cheval n'a plus rien dans la bouche

### À SAVOIR

Le règlement de dressage précise que toutes les parties du mors dans la bouche du cheval (filet, mors et gourmette) doivent être du même métal. Le bras de levier du mors est limité à 10 cm (longueur en dessous de la partie qui traverse la bouche). L'anneau du mors ne doit pas excéder 8 cm de diamètre.

CONNAISSANCES

## RÔLE ET EFFET DE LA BRIDE

### DESCRIPTION

La bride dite complète, comporte un mors de filet et un mors de bride équipé d'une gourmette. Le cavalier utilise donc deux paires de rênes. La bride est complétée par une muserolle qui, en plus de son effet décoratif, limite l'ouverture de la bouche.
La fausse gourmette, empêche le cheval de jouer avec les branches du mors.

### AJUSTER LA BRIDE

Les chevaux ont des longueurs de tête et des largeurs de bouche différentes. L'ajustage de la bride doit tenir compte des critères suivants :

- La longueur du canon du mors est supérieure de quelques millimètres à la largeur de la bouche du cheval.
- Le mors de filet doit être en contact avec les commissures des lèvres sans les comprimer (pas plus de deux plis). Ce réglage se fait sur les montants.
- Le canon du mors de bride, repose sur les barres :
  - à deux travers de doigt des crochets de la mâchoire inférieure, chez les mâles,
  - à trois travers de doigts chez les juments qui n'ont pas de crochet.

  Ce réglage se fait sur la longueur des montants.
- Lorsque les rênes sont tendues et que la gourmette est à plat sur la barbe, les branches du mors doivent faire un angle d'environ 45 ° par rapport à l'axe de la tête (direction de la bouche).
- Le bord de la muserolle, se place à deux travers de doigts de l'apophyse zygomatique.
- Le mors de filet doit être droit dans la bouche, sans former de V.
- Les deux mors ne doivent pas se chevaucher.

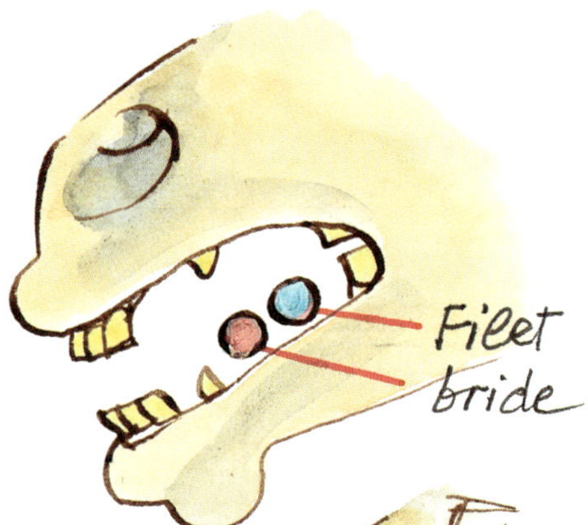

action de levier du mors de bride

**À SAVOIR**

Les rênes de bride sont reliées par une couture, celles de filet par une petite boucle. Plus les branches du mors de bride sont longues, plus puissante est l'action du mors.

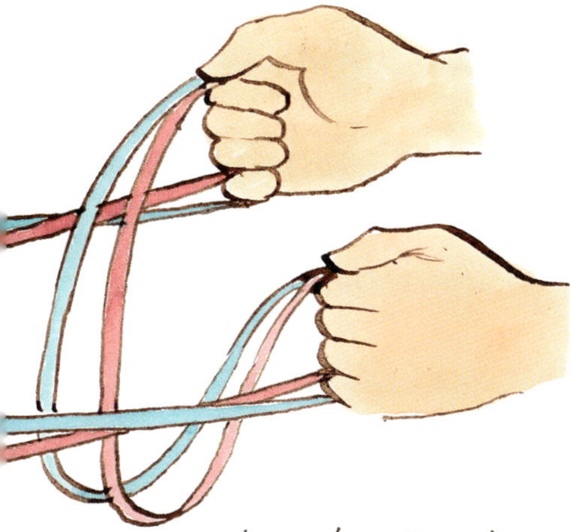

Rênes dans les 2 mains

## ● ACTIONS COMBINÉES DE LA BRIDE ET DU FILET

Avec les deux paires de rênes et deux mors différents, le cavalier peut varier ses actions. En effet :

■ le canon de la **bride** agit en comprimant les barres et la langue. Cette action de levier **abaisse** le bout du nez, par un effet de bascule, et ferme l'angle tête / encolure.

■ le mors de **filet** quant à lui, agit principalement sur la commissure des lèvres et permet de remonter la tête par son action de **releveur**.

Notez qu'en baissant les mains, le cavalier agit davantage sur le filet que sur la bride ; et inversement.

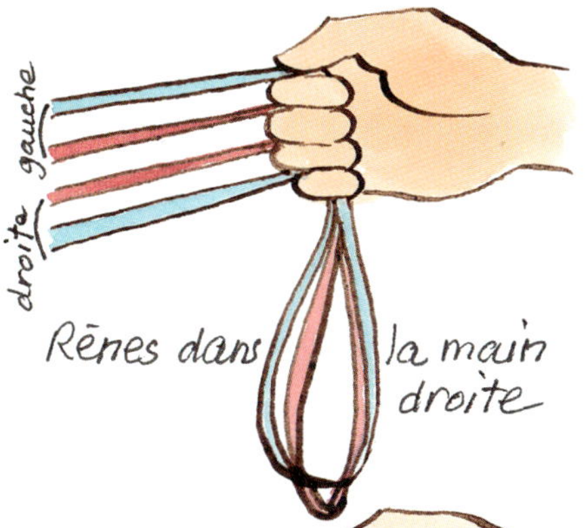


## ● COMMENT TENIR LES RÊNES

Il y a plusieurs manières de tenir les 4 rênes.

Voici la plus couramment employée:

**Les rênes dans les deux mains**

Disposez les rênes à plat sur l'encolure, celles de filet par dessus. Passez les auriculaires (petits doigts) entre les deux rênes, paumes des mains tournées vers le bas.
Il reste à rectifier la position des mains, pouces au-dessus, les ongles se faisant face, et à régler la longueur des rênes.

Notez que les deux rênes d'un même côté se croisent lorsque le cavalier les tient.

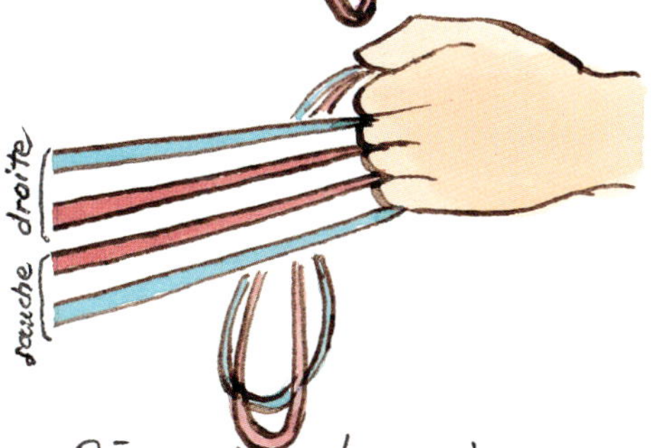


Rênes dans la main

En bleu :
rênes de filet
En rouge :
rênes de bride

**Les 4 rênes tenues dans la main droite**, sont séparées par les doigts, le flot des rênes sort vers le bas.

**Les 4 rênes tenues dans la main gauche**, sont séparées par les doigts, le flot de rênes sort vers le haut. Les quatre rênes sont superposées entre le pouce et l'index.

**À SAVOIR**

La bride développe une action puissante. Il ne faut pas l'employer avec un jeune cheval aux réactions inattendues. L'utilisation de la bride est pratiquement obligatoire pour le travail rassemblé.

CONNAISSANCES

## LES ENRÊNEMENTS

Les enrênements ont pour but d'améliorer l'attitude du cheval, de le muscler dans le bon sens, d'améliorer sa soumission et de faciliter son utilisation.
Il existe de nombreux enrênements adaptés à des objectifs et des circonstances différents. La plupart des enrênements interviennent sur l'orientation de l'encolure, et limitent l'élévation de la tête. L'action de l'enrênement doit cesser, lorsque le cheval retrouve une attitude juste. Les enrênements peuvent être utilisés pour le travail monté ou à pied.

### ● LES MARTINGALES

Qu'elles soient fixes ou à anneaux, elles limitent l'élévation de la tête du cheval, et canalisent ses mouvements latéraux.

■ La **maringale fixe** relie le bas de la muserolle à la sangle. Elle est maintenue en place par un collier. Il faut éviter de la régler trop court, car son action manque de souplesse.
Elle est généralement utilisée avec un cheval qui lève excessivement la tête pour se soustraire à l'action de la main.

■ La **martingale à anneaux** est fréquemment utilisée en CSO et en cross.
Partant de la sangle, elle se divise en deux parties et se termine par deux anneaux où coulissent les rênes. Elle est maintenue en place par un collier. Elle agit sur les rênes lorsque le cheval lève ou écarte trop la tête.
Des arrêtoirs empêchent les anneaux de se coincer dans les boucles d'attache des rênes.

**À SAVOIR**

Le port d'un enrênement est interdit pendant une épreuve de dressage ainsi que pendant la détente qui précède.
L'enrênement place le cheval artificiellement. Le cavalier a donc tendance à négliger l'action de ses jambes, qui doivent cependant rester actives pour garder le cheval sur la main.

## ● LES RÊNES COULISSANTES

Elles sont également appelées « rênes allemandes ». Elles peuvent être utilisées dans le travail non monté (à la longe) ou dans le travail monté. Dans ce cas, elles sont tenues par le cavalier et fixées avec des mousquetons.

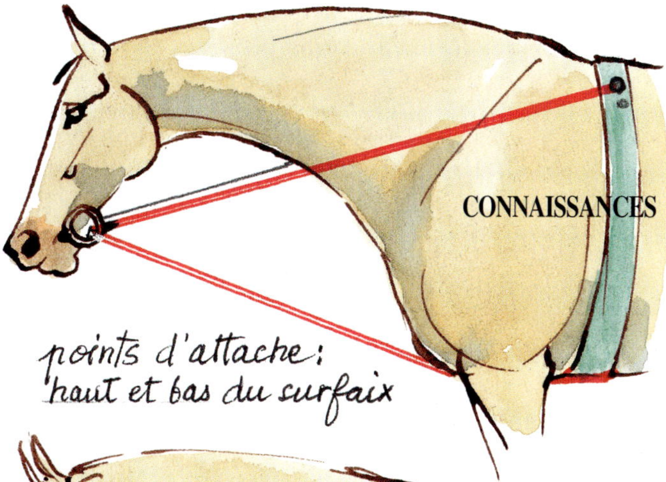


CONNAISSANCES

**Fixées au surfaix**

L'utilisation des rênes coulissantes nécessite l'emploi d'un surfaix disposant d'anneaux latéraux de réglage.

Les rênes sont montées en formant un triangle, dont les points de fixation adoptent des positions variables en fonction du but recherché. Quel que soit le montage, les rênes coulissent dans les anneaux du mors.

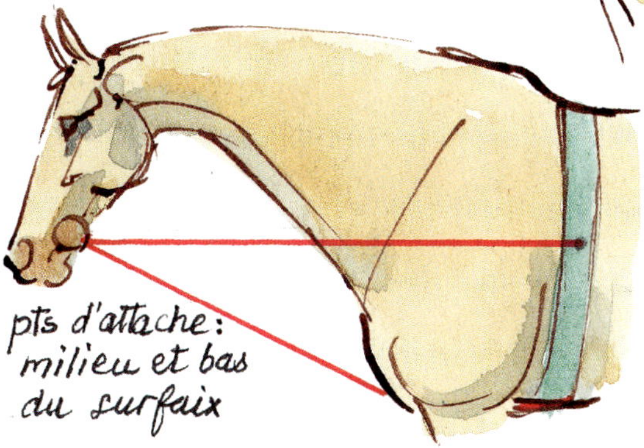


Voici les montages classiques :

- **Grand triangle** : de l'inter-ars à l'anneau supérieur. Le cheval conserve une grande liberté de mouvement l'encolure est stabilisée en position sensiblement horizontale.
- **Triangle haut** : de l'anneau du haut à celui situé à hauteur de la botte du cavalier. Cette disposition favorise le rassembler.
- **Triangle bas** : de l'inter-ars à l'anneau situé à hauteur de la botte du cavalier. Cette disposition favorise l'attitude vers le bas.

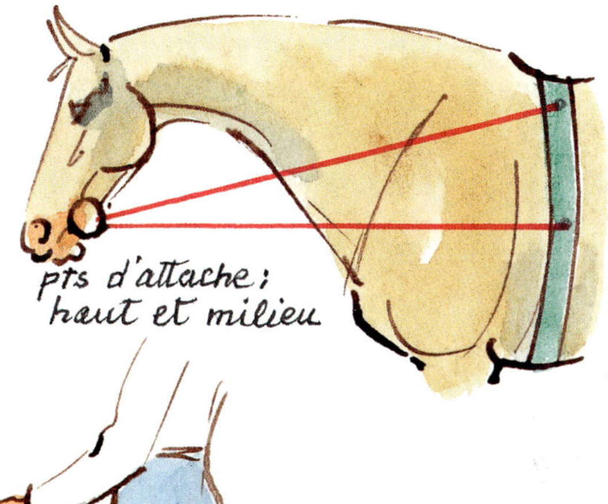


**Rênes coulissantes en main**

Elles sont tenues en plus des rênes de filet, et coulissent dans les anneaux du mors. Il faut éviter de les maintenir constamment tendues, car elles favorisent l'encapuchonnement et la perte d'impulsion.

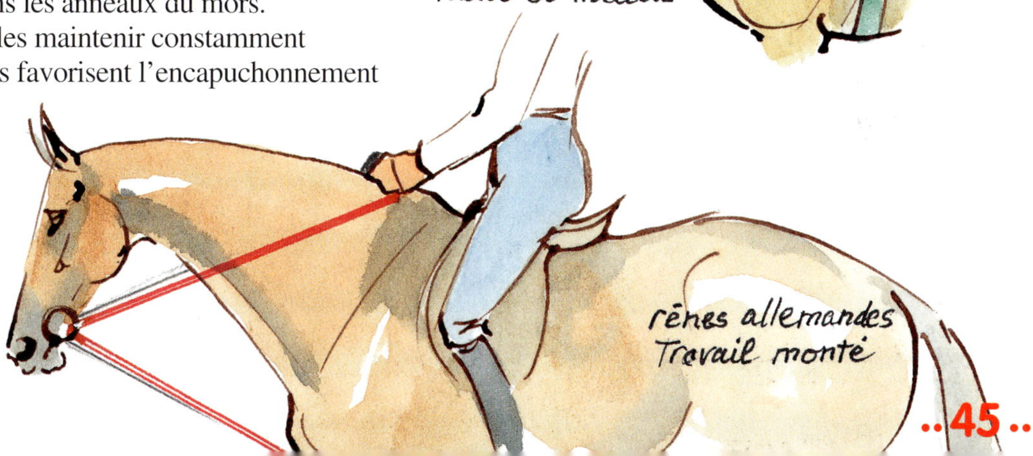

## CONNAISSANCES

CONNAISSANCES

### LES RÊNES À ÉLASTIQUES

ou rênes latérales fixes.

Elles sont généralement utilisées dans le travail à la longe. Les segments de caoutchouc, donnent de la souplesse à l'ensemble.
La rêne située à l'extérieur du cercle, doit être réglée un peu plus longue, pour permettre au cheval de s'incurver. Ainsi enrêné, le cheval ne peut pas donner de coup de tête vers le haut, ce qui est appréciable en voltige, où elles sont montées sur un caveçon.

### L'ENRÊNEMENT CHAMBON

Il est utilisé pour développer la musculation, modifier un défaut d'orientation de la ligne du dessus (cheval creux) ou corriger les chevaux qui s'enferment en lâchant la main.
Le Chambon place le cheval dans une attitude basse et étendue.

**Description**

Partant de l'inter-ars, une languette de cuir se prolonge par deux cordons qui coulissent dans des poulies placées au niveau de la têtière, avant de s'attacher avec des mousquetons, sur les anneaux du mors.

**Utilisation**

Cet enrênement est relativement sévère et contraignant.
Il est généralement utilisé non monté et au trot.
Le réglage doit se faire très progressivement, car certains chevaux non préparés, peuvent manifester des réactions violentes.

# CONNAISSANCES

## L'ENRÊNEMENT GOGUE

**Description**

Le montage est fait sous forme de triangle. Un ensemble de lanières est fixé à la sangle au niveau de l'inter-ars. Il est prolongé par des cordelettes qui coulissent dans l'anneau du mors de filet et dans des poulies fixées à la têtière. L'enrênement Gogue peut être utilisé de deux manières :

- en montage indépendant : fixe sans intervention du cavalier
- en montage commandé, lorsque les extrêmités des cordelettes sont reliées à une paire de rênes, en plus des rênes normales de filet.

**Utilisation**

Il peut être employé dans le travail en longe ou en liberté (en montage fixe) ou dans le travail monté (montage commandé). Cet enrênement a la particularité de fermer l'angle tête / encolure. Comme la plupart des enrênements, son action cesse dès que l'encolure et la tête trouvent la position recherchée. Réglez l'enrênement très progressivement au cours de la séance, car le cheval peut se butter et se retourner si, pris de panique, il n'est pas remis en avant. Le Gogue commandé permet de mieux doser les effets de l'enrênement.

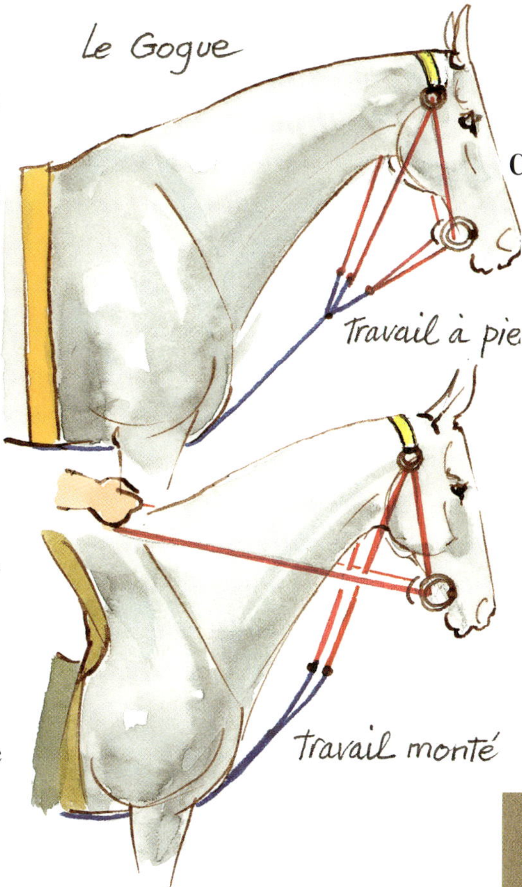


CONNAISSANCES

## PRÉCAUTIONS D'UTILISATION DES ENRÊNEMENTS

L'utilisation d'un enrênement fait partie d'une progression dont le but final pour le cavalier, consiste à abandonner tout artifice pour ne plus faire appel qu'à l'action conjuguée de son assiette, de ses jambes et de ses mains.
Le travail avec un enrênement est contraignant, les séances doivent être courtes (20 à 30 minutes). Le lendemain, le cheval peut souffrir de courbatures. Dans le travail à la longe, la chambrière veille à garder constamment le cheval en avant. Monté, il faut veiller à ce que le cheval placé artificiellement, conserve son impulsion. Un enrênement mal utilisé peut fausser l'orientation du cheval, et avoir des conséquences graves : tant sur son physique que sur son moral.

attention : certains chevaux s'encapuchonnent

**À SAVOIR**

Les enrênements sont nombreux, et portent généralement le nom de leur inventeur. Dans le club, n'utilisez jamais un enrênement sans l'accord de l'enseignant.

# CONNAISSANCES

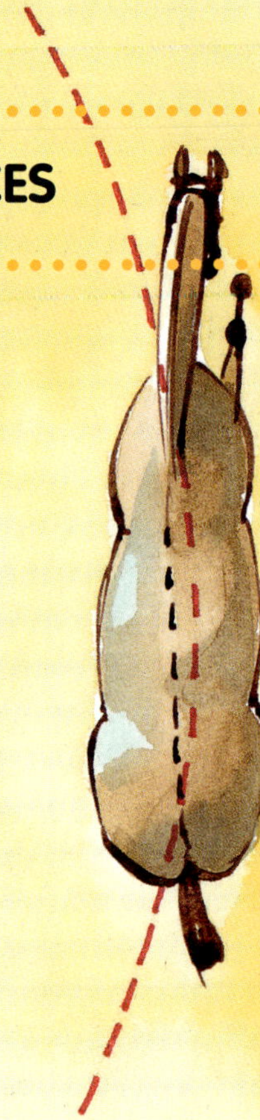

## LE GALOP À FAUX (CONTRE-GALOP)

Le galop à faux a été étudié page 9 de ce manuel.

Le cavalier doit être capable d'enchaîner et d'inverser des courbes larges en restant sur le même pied au galop.

- Par définition, au galop à faux dans un manège ou une carrière, le cheval galope sur le pied extérieur (côté bord du manège).
- Le galop à faux doit être demandé très progressivement, d'abord sur de courtes portions de courbes larges.

Les fautes suivantes son pénalisées en épreuve de dressage :

- la modification de la cadence du galop,
- le cheval qui «galope avec sa tête»,
- le cheval qui se traverse ou marque un mauvais pli,
- le galop à quatre temps, le galop rompu qui est la conséquence d'un manque d'impulsion,
- le galop désuni,
- le cheval qui change de pied.

**À SAVOIR**

Le galop à faux peut être exécuté sur une serpentine, après avoir entraîné le cheval sur des contre-changements de main dans la longueur du manège.

## LA CESSION À LA JAMBE

La cession à la jambe a été étudiée au chapitre déplacement latéral, page 11 de ce manuel.

### ● RAPPEL

Dans la cession à la jambe, le cheval doit conserver son rachis rectiligne, et se déplacer de côté, en cédant à la poussée d'une jambe du cavalier.
Dans un déplacement latéral à droite, les membres du latéral gauche chevauchent ceux du latéral droit, en passant devant eux.
La difficulté pour le cavalier, consiste à mobiliser à la fois les épaules et les hanches du cheval sur deux pistes différentes, tout en conservant le mouvement en avant.
L'axe de déplacement du cheval, doit conserver une obliquité de 30° par rapport à la direction d'origine.

**À SAVOIR**

Avant d'entamer une cession à la jambe, il faut s'assurer que le cheval est tendu, sur la main, en équilibre et dans l'impulsion.

# LES DIFFÉRENTS PROFILS ET TRAJECTOIRES DES OBSTACLES MOBILES

CONNAISSANCES

## LES DIFFÉRENTS PROFILS D'OBSTACLES

Suivant leurs profils, les obstacles peuvent se classer en trois grandes familles :

- les obstacles verticaux ou droits, qui sont étroits,
- les obstacles larges constitués de plusieurs plans : oxer par exemple,
- les obstacles de volée, qui sont larges mais bas. La rivière est un cas particulier, car elle ne présente pas de hauteur.

## LIGNES ET COMBINAISONS

**Les lignes d'obstacles**

Lorsque deux ou plusieurs obstacles ne sont distants de 3 à 5 foulés, on parle de ligne d'obstacles. Le cavalier doit adapter le nombre et la longueur des foulées aux distances qui séparent les obstacles, de façon à centrer la trajectoire sur l'obstacle. Le cheval qui «arrive juste» est alors prêt à aborder la suite de la ligne d'obstacles dans de bonnes conditions.Pendant la reconnaissance, le cavalier mesure au pas les distances séparant les obstacles, pour déduire le nombre de foulées qu'il devra effectuer. Sur le plat, il faut compter 3,50 m pour une foulée d'un cheval de taille moyenne.

**Les combinaisons d'obstacles**

Dans un parcours, deux ou trois éléments rapprochés à une ou deux foulées, peuvent porter le même numéro correspondant à la combinaison. On parle de double ou de triple. Toute erreur sur le premier élément compromet les chances de franchir correctement le ou les éléments suivants.

largeur ou hauteur le cheval doit adapter sa Trajectoire

**À SAVOIR**

Le fait de sauter l'obstacle de biais allonge la trajectoire du saut.
Certains obstacles, comme les verticaux et les oxers cubiques, peuvent être franchis dans les deux sens.

# CONNAISSANCES

## LES TRAJECTOIRES

La trajectoire d'un saut est la courbe suivie par le cheval entre la battue d'appel et la battue de réception.
Le point culminant de la trajectoire doit, en principe, être centré sur le point le plus élevé de l'obstacle ou son axe pour les obstacles larges.
De nombreux critères influent sur les tracés des trajectoires : profil de l'obstacle, nature du sol, terrain horizontal ou non, vitesse, équilibre du couple...

## CONTRÔLE DE L'AMPLITUDE DES FOULÉES

Pour «arriver juste» et placer la battue d'appel au bon endroit, le cavalier peut être amené à faire varier la longueur des foulées, dans un enchaînement de sauts.
Après avoir déterminé à la reconnaissance le nombre de foulées entre deux obstacles, le cavalier compte «0» à la première réception puis compte mentalement le nombre de foulées, jusqu'à la battue d'appel de l'obstacle suivant.
Entre les obstacles, le cavalier peut être amené à augmenter ou à réduire l'amplitude des foulées : si la réception du premier ne s'est pas faite au bon endroit, ou si la distance ne correspond pas à un nombre de foulées justes (distance trop courte ou trop longue).

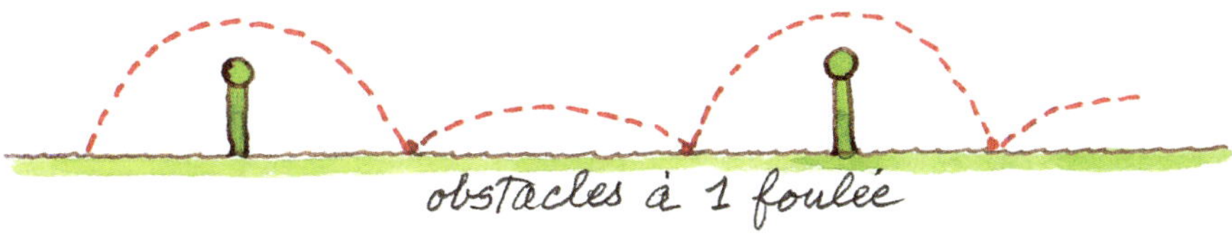

### À SAVOIR

Dans une ligne, les obstacles ne sont pas toujours parfaitement alignés. Le cavalier peut alors jouer sur les courbes pour raccourcir ou allonger les distances entre les obstacles.

# LA COMPÉTITION

Le Galop 7 vous permet d'obtenir votre licence de compétition en 4e catégorie ou au-delà dans les disciplines : dressage, saut d'obstacles et concours complet d'équitation.

Déroulement des différentes épreuves :

## ÉPREUVES DE DRESSAGE

### LA CARRIÈRE DE DRESSAGE

Dans une épreuve de dressage, le cavalier présente un enchaînement de figures nommé reprise.
Les dimensions de la carrière normalisée sont : 60 x 20 m ou 40 x 20 m.
Des lettres disposées autour de la carrière servent de points de repères.
Le sol de la carrière peut être en sable, en sciure ou en gazon.

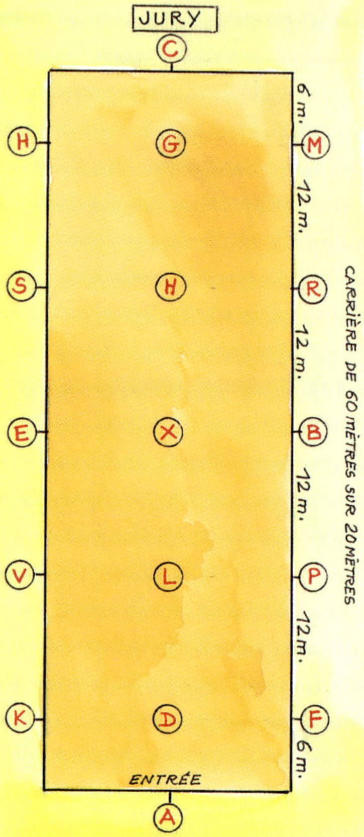


### LES REPRISES DE DRESSAGE

Les reprises de dressage sont classées par ordre de difficulté.
On distingue trois types de reprises :

- les **reprises imposées**,
où l'enchaînement des figures est défini avec précision en prenant comme repères les lettres du manège ;
- les **reprises libres en musique** (R.L.M.)
où les figures imposées sont présentées en musique, dans un ordre choisi par le cavalier. En plus de l'évaluation technique, cette reprise est jugée d'après des critères musicaux et chorégraphiques.
- **Cas particulier** :
les carrousels ou reprises auxquelles participent plusieurs cavaliers.
Elles peuvent être libres ou imposées, musicales ou non.

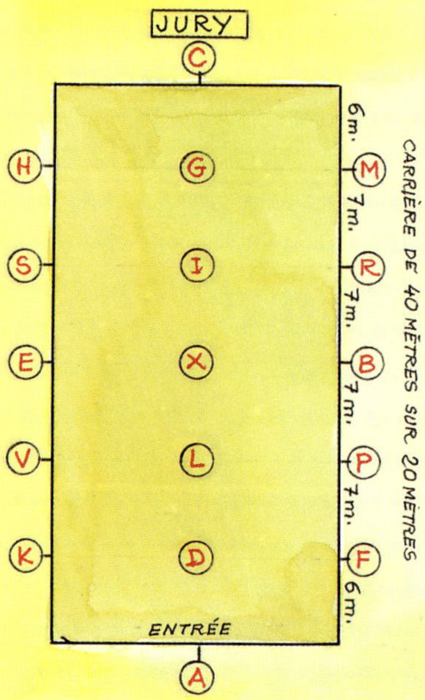


**À SAVOIR**

Les figures de dressage sont repérées d'après les lettres de manège. La plupart des figures débutent lorsque le corps du cavalier passe devant la lettre.

# LA COMPÉTITION

## LE PROTOCOLE DE DRESSAGE

En fonction de la reprise, les figures sont numérotées et décrites sur le protocole de dressage avec un cœfficient 1 ou 2.
Pour chaque figure, le juge inscrit la note sur 10, ainsi que d'éventuelles observations dans la colonne prévue.
Le comptage des points est fait sur le protocole de dressage en tenant compte des éventuels points de pénalité pour erreur ou omission.
Sont également mentionnées :
**En cinquième catégorie** : les notes d'ensemble en relation avec la précision des mouvements et du tracé, la position, l'emploi des aides et l'assiette du cavalier.
**À partir de la quatrième catégorie,** les allures sont prises en compte : franchise, régularité, activité des hanches, mais aussi soumission, obéissance à la main et aux jambes.

## PRÉPARER LE CHEVAL POUR L'ÉPREUVE

Le cheval doit être soigneusement toiletté, car la qualité de sa présentation intervient dans la note générale. Aucune protection n'est autorisée sur les membres, ni enrênement (voir règlement aux pages suivantes). Si la nature du sol l'y oblige, vous pouvez mettre des crampons au cheval.

## LA DÉTENTE

La durée et le déroulement de la détente doivent être adaptés au caractère du cheval. Comptez entre 20 et 30 minutes en moyenne. Elle a lieu au paddock, et a pour but d'échauffer musculairement le cheval, et de le préparer moralement à la reprise. La détente se fait dans le calme et se décompose en :

- assouplissements latéraux sur des enchaînements de courbes ;
- assouplissements longitudinaux sur des transitions à la fois montantes et descendantes ;

Des exercices de soumission permettent de vérifier que le cheval répond bien aux aides.

**À SAVOIR**

En fin de reprise, le protocole est remis au cavalier. À partir des observations qui y figurent, il peut se rendre compte de ses faiblesses, et de celles du cheval, ce qui l'aide à progresser.

# LA COMPÉTITION

## CRITÈRES DE NOTATION DES ÉPREUVES OUVERTES AUX CAVALIERS DE 4e CATÉGORIE

Le règlement de dressage autorise le cavalier de 4e catégorie, à participer à toutes les reprises de classe D, C et B sans condition de gain pour les chevaux.

## NOTATION DU CAVALIER

À ce niveau, le cavalier est évalué par 3 notes :

- attitude générale,
- fonctionnement de l'assiette,
- emploi des aides.

Ces trois notes données au cavalier, équilibrent les notes réservées au cheval.

En classe C, seules deux notes concernent le cavalier et en classe B, compte tenu de son expérience, le cavalier n'est plus jugé que par une seule note.

## NOTATION DU CHEVAL

Dans toutes les reprises, le cheval est jugé par 3 notes :

- les allures : franchise et régularité,
- l'impulsion : désir de se porter en avant avec l'activité des hanches,
- la soumission : attention, confiance et obéissance à la main et aux jambes.

Les différentes figures de la reprise sont notées de 0 à 10. Certaines, dont le pas, ont un cœfficient de 2.

En D3, le cavalier commence par des demi-cercles de 20 m de diamètre au trot, et des cercles de 20 m au galop, puis 15 m et 12 m pour finir par 10 m et 8 m dans les reprises de classe B.

Le reculer, quant à lui, n'apparaît qu'à partir de la reprise C2.

**À noter :**
En dressage, le trot enlevé n'est plus employé. Le cavalier doit donc s'entraîner à améliorer son assiette au trot assis.

### À SAVOIR

Les exigences des juges suivent la progressivité des reprises, avec comme critère de base le mouvement en avant, c'est-à-dire l'impulsion. La tenue du cavalier et le toilettage du cheval apportent un plus à la présentation.

## NOTIONS SUR LE RÈGLEMENT DE DRESSAGE

Le règlement complet officiel de dressage est disponible aux bureaux de la Fédération. Voici les éléments essentiels :

**Harnachement du cheval**

Selle classique de sport ou selle de dressage à quartiers longs, filet simple ou bride complète. Toutes les parties du mors dans la bouche du cheval doivent être du même métal (gourmette comprise). Les différents mors autorisés figurent dans le règlement officiel.
Sont interdits : les martingales ou autres enrênements, toutes sortes de guêtres, bandages, œillères, rondelles, bricoles, colliers de chasse ou croupières, couvertures, bonnets ou capuchons. Les guêtres ou bandages sont autorisés sur le terrain d'entraînement.

**Tenue du cavalier**

Pour les épreuves élémentaires : veste sombre, culotte d'équitation blanche ou claire, bottes noires, gants, chemise et cravate blanches et bombe noire ou sombre, tenue militaire ou des Haras Nationaux. Les éperons sont facultatifs jusqu'à la reprise C1. Le port de la cravache est interdit, sauf pour les amazones.

**Règlement des épreuves**

Dans les niveaux élémentaires, les reprises peuvent être dictées. Le candidat doit respecter son heure de passage et dispose de 60 secondes après la sonnerie pour entrer en piste. Les erreurs de parcours sont pénalisées; la quatrième erreur est éliminatoire. La chute du cheval ou du cavalier est sanctionnée par son influence sur l'exécution du mouvement. Toute défense qui empêche la poursuite de la reprise pendant plus de 20 secondes entraîne l'élimination.

**Ordre de passage**

Il correspond à un tirage au sort. L'heure de passage affichée doit impérativement être respectée.

**Notation**

Chaque figure de la reprise est notée de 1 à 10 suivant des critères définis. S'ajoutent ensuite les notes dites «d'ensemble» pour la soumission, l'impulsion, la position du cavalier et l'emploi des aides.

ÉQUITATION

**À SAVOIR**

En concours de dressage, le classement résulte du total des points attribués par le ou les juges, après soustraction des points de pénalité : erreur de parcours, omission ou dépassement de temps.

# ÉPREUVES DE SAUT D'OBSTACLES

## PARCOURS ET PLAN DE PARCOURS

▪ Le parcours : les obstacles sont disposés dans l'ordre donné par leur numérotation. Pour chaque obstacle, le sens de franchissement et les passages obligés sont indiqués par deux fanions : rouge à droite, blanc à gauche.

▪ Le plan du parcours est affiché sur le terrain. Il y figure de nombreuses informations telles que :

- la position des obstacles, leur sens de franchissement, la ligne de départ et d'arrivée et les éventuels points de passage obligés ;
- les obstacles du barrage, s'il y en a un ;
- le barème en vigueur, la longueur du parcours, la vitesse imposée, le temps accordé et le temps limite ;
- pour les épreuves hunter, sont également indiqués les figures imposées et les contrats de foulées.

## PRÉPARER SON CHEVAL

Le cheval est soigneusement pansé, toiletté et natté. L'équipement est vérifié et nettoyé.

Les parties à risques doivent être protégées :

▪ Membres : cloches, protège-tendons, protège-boulets, guêtres fermées, bandes de polo...

▪ Une bavette de protection ventrale évite au cheval de se blesser avec les crampons.

*la reconnaissance du parcours*

## LA RECONNAISSANCE DU PARCOURS

Avant le début de l'épreuve, le commissaire de piste déclare la piste ouverte pour la reconnaissance, qui se fait à pied. Généralement, les jeunes cavaliers se font conseiller par leur enseignant ou un cavalier expérimenté.

La reconnaissance est l'occasion de :

▪ choisir son parcours entre les obstacles et mémoriser leur enchaînement en suivant le parcours à pied ;

▪ juger la nature du sol, les déclivités et l'éclairage des obstacles, car la position variable du soleil peut créer des ombres trompeuses ;

▪ juger les profils d'obstacles particuliers ;

▪ mesurer au pas les distances sur les lignes d'obstacles et entre les éléments des combinaisons, pour évaluer le nombre de foulées à effectuer.

Notez qu'il n'y a pas de deuxième reconnaissance en cas de barrage.

*protégez les membres*

**À SAVOIR**

Bien qu'il existe une certaine tolérance, le règlement prévoit que la reconnaissance s'effectue en tenue de concours.

# LA COMPÉTITION

## LA DÉTENTE

Avant l'épreuve, le cavalier détend son cheval sur le terrain d'entraînement nommé paddock: en général 20 à 30 minutes avant son horaire de passage. La détente sert à échauffer le cheval, à l'assouplir, à le mettre aux ordres et à le préparer moralement à l'épreuve, ainsi que le cavalier.

**Comment effectuer la détente**

- Échauffer progressivement le cheval au pas au trot puis au galop ;
- effectuer quelques exercices d'assouplissement et de mise aux ordres ;
- passer plusieurs fois de petits obstacles, puis franchir aux deux mains un vertical et un oxer aux cotes inférieures à celles du concours pour qu'il règle la trajectoire de ses sauts. Laissez-le ensuite reprendre son souffle et marcher pour qu'il ne se refroidisse pas.

**Règles à respecter dans le paddock**

Le commissaire au paddock contrôle les entrées et veille à ce que les règles soient suivies :

- port de la bombe ou du casque ;
- respect de la priorité à droite ;
- sens de franchissement des obstacles ;
- dégagement des zones d'abord et de réception ;
- priorité aux cavaliers qui doivent entrer en piste les premiers.
- vérification des embouchures, contrôle des éperons et de la cravache.

**À SAVOIR**

Le cheval a tendance à accélérer en direction de la sortie et sur de grands terrains. Inversement, il est enclin à ralentir face au soleil et sur des terrains de faible dimension.

## PENDANT L'ÉPREUVE

Profitez de l'attente pour observer les autres concurrents et repérer les difficultés du parcours. À votre tour, entrez en piste dans une grande impulsion pour combattre les éventuelles hésitations du cheval. Présentez-vous et saluez le jury. Lorsque la cloche sonne, vous avez encore 60 secondes pour franchir la ligne de départ. Mettez votre cheval au galop sur le pied qui correspond au premier tournant et ne perdez pas vos moyens, si une barre tombe ou en cas de faute.

## NOTIONS SUR LE RÈGLEMENT DE CSO

Le règlement complet officiel de CSO est disponible aux bureaux de la Fédération. Voici les éléments essentiels :

▪ **Concurrent :** pour participer à une épreuve officielle de CSO (4e catégorie), il faut détenir une licence de compétition dans la discipline choisie, et être titulaire du 7e galop option Saut d'Obstacles.

▪ **Tenue :** veste bleue, noire ou rouge, culotte blanche (ou beige clair pour les cavalières), bottes noires, bombe bleue marine ou noire. Chemise et cravate blanche. Les cheveux longs doivent être attachés.

▪ **Cheval :** il doit avoir quatre ans ou plus, et ne peut pas participer deux fois à la même épreuve.

▪ **Harnachement :** aucune restriction de modèle n'est imposée pour les selles et les brides. L'emploi d'œillères et de capuchons est interdit, ainsi que tout dispositif réduisant le champ visuel du cheval. Les seuls enrênements autorisés en épreuve sont la martingale fixe (uniquement en 4e catégorie) ou à anneaux.

▪ **Cravache :** longueur maximum 75 cm.

Pendant l'épreuve : après la cloche, le concurrent dispose de 60 secondes pour passer la ligne de départ. En franchissant les obstacles, il doit laisser le fanion rouge à sa droite et le fanion blanc à sa gauche.

**Les différents barèmes**

▪ **Barème A** avec temps imparti ; au chronomètre ou non. Les fautes sont décomptées en points. Pénalités :

- *Faute* (obstacle renversé) : 4 points.
- *Désobéissance* : 3 points pour la première, 6 points pour la deuxième, la troisième dans le parcours est éliminatoire.
- *Chute du cheval ou du cavalier* : 8 points

▪ **Barème C** : les fautes sont décomptées en secondes, compte tenu de la longueur du parcours et du nombre de sauts à effectuer.

**ÉQUITATION**

**À SAVOIR**

Cas d'élimination :

♦ Ne pas se présenter au départ à l'heure indiquée.

♦ Ne pas franchir les lignes de départ et d'arrivée.

♦ 3 désobéissances dans le parcours.

♦ Erreur de parcours.

Une désobéissance sur un double ou un triple, oblige à ressauter tous les éléments de l'obstacle.

La chute d'un élément bas d'un obstacle vertical, n'est pas prise en compte, tout comme la chute d'un fanion d'obstacle.

## ÉPREUVES DE CROSS

Sur un cross de plusieurs kilomètres, le cavalier doit franchir des obstacles fixes en suivant un parcours en terrain naturel, tout en respectant une vitesse donnée. Les obstacles peuvent être situés dans des déclivités.

### ● PARCOURS ET PLAN DE PARCOURS

Le parcours dépend de la topographie et de la nature des lieux : déclivités, forêt, plaine, gué plus ou moins important, sol plus ou moins profond... Le plan de parcours est affiché et remis aux concurrents. Il comprend : l'emplacement des obstacles, leur numéro, leur profil, le sens de franchissement, les éventuels points de passage obligatoires (P.O.). Sont également mentionnés : la distance, la vitesse imposée et le temps accordé.

### ● LES OBSTACLES

Ils ont été étudiés au Galop 6 (pages 47 à 49), et peuvent être disposés d'une manière isolée, comporter plusieurs éléments ou former des combinaisons. La façon de les sauter, est étudiée au chapitre cross de ce manuel (page 19).

### ● LA RECONNAISSANCE DU CROSS

Dans les petites séries, la reconnaissance est effectuée à pied quelques temps avant le début de l'épreuve. L'enseignant du club ou un cavalier expérimenté accompagne généralement les concurrents. Une reconnaissance officielle est prévue avec un organisateur.
C'est l'occasion de :

- juger la nature du terrain : sol, relief, conditions d'éclairage : soleil, ombre ;
- de repérer la position des panneaux de temps placés sur le parcours ;
- de localiser les portions de terrains sujettes à ralentissements (tournants, sols profonds...) et celles où il est possible de rattraper du temps ou de laisser le cheval récupérer, dans le but de gérer la vitesse ;
- de décider comment enchaîner les obstacles et choisir ses options.

**À SAVOIR**

Les obstacles sont généralement plus impressionnants à pied qu'à cheval. Bien souvent le cheval respecte davantage les obstacles fixes qui «ont du front» que les obstacles mobiles de C.S.O.

## PRÉPARATION ET ÉQUIPEMENT

**Le cavalier**

Le cavalier doit obligatoirement porter :

- un casque sans visière avec attache trois points ;
- un gilet de protection (protège-dos) ;
- les gants sont conseillés pour tenir les rênes efficacement ;
- une cravache et des éperons sont conseillés.

**Le cheval**

Le harnachement est soigneusement vérifié : usure, coutures des étrivières, des rênes, de la sangle.

- Les membres du cheval sont protégés : cloches, guêtres fermées ;
- une bavette de protection ventrale évite au cheval de se blesser en troussant les antérieurs.
- un éventuel amortisseur de dos disposé sous la selle ;
- une bricole ou un collier de chasse évite que la selle recule ;
- la queue peut être remontée pour qu'elle ne s'accroche pas dans les branchages et ne se charge pas de boue ;
- dans les grandes épreuves, les épaules le poitrail et les antérieurs, sont enduits de vaseline pour limiter les écorchures dues à des frottements contre les obstacles ;
- des crampons vissés aux éponges des fers limitent les dérapages : gros crampons carrés en terrain profond, plus petits et pointus en terrain dur et glissant. Ils sont retirés après l'épreuve.

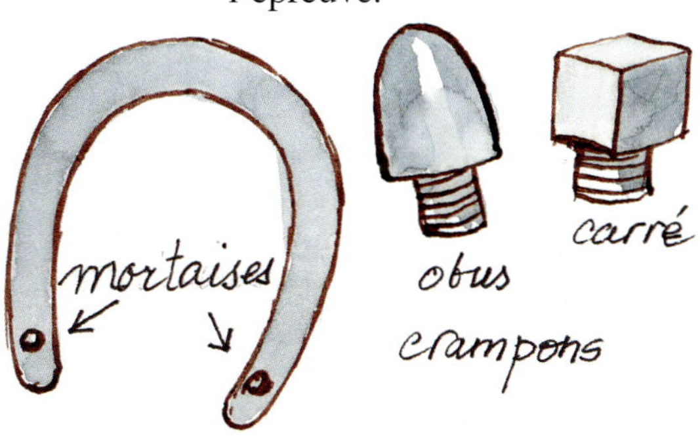


ÉQUITATION

**À SAVOIR**

Pendant l'entraînement, il faut surveiller l'état général du cheval, l'état de ses tendons, la récupération des rythmes respiratoire et cardiaque qui renseignent sur sa forme physique.

# LA COMPÉTITION

## DÉTENDRE AVANT L'ÉPREUVE

La détente qui précède le cross est adaptée à chaque cheval. Elle se déroule sur le paddock. Comme pour le CSO, elle prépare le cheval (et le cavalier) tant sur le plan physique que moral.

Elle se décompose en :

- un échauffement musculaire et des exercices d'emploi des aides qui vérifient la soumission ;
- le saut de quelques obstacles d'essai, en accélérant progressivement pour mettre le cheval dans les conditions du cross.

Avant de prendre le départ, il faut faire galoper le cheval pendant quelques minutes, pour préparer ses fonctions respiratoire et cardiaque à l'effort.

La durée de la détente dépend de chaque cheval, certains ayant tendance à «chauffer» si elle s'avère trop longue.

### À SAVOIR

Au repos, le rythme cardiaque du cheval est trois à quatre fois moins rapide que pendant l'épreuve. Les séquences de galop qui précèdent le départ ont pour but d'augmenter progressivement le rythme cardiaque, pour correspondre aux conditions du cross.

## NOTIONS SUR LE RÈGLEMENT DE CROSS

Le règlement du Concours Complet d'Équitation, est disponible aux bureaux de la Fédération. Voici les éléments essentiels :

**Tenue du cavalier pour l'épreuve de cross**
Tenue légère autorisée : maillot à col roulé et culotte blanche. Port du casque fixation trois points et protection de dos obligatoires. Bottes marron autorisées. Les éperons ne doivent pas avoir de molettes. La longueur des branches doit être inférieure à 3,5 cm.

**Harnachement pour les épreuves de fond**
Les embouchures sont libres, mais tous systèmes d'œillères ou capuchons sont interdits. Seule la martingale à anneaux est autorisée. La longueur de la cravache ne doit pas excéder 75 cm.

**Pénalités**
Chaque obstacle d'une combinaison est considéré comme un obstacle séparé.

*Pénalités en classe D :*

- Temps optimal dépassé : 0,4 point par seconde en plus ;
- Temps inférieur : 0,8 point par seconde en moins;
- 1re désobéissance : 20 points ;
- 2e désobéissance : 40 points ;
- 3e désobéissance au même obstacle : élimination ;
- Chute : 60 points, 2 chutes : élimination.

**Classement**
Dans chaque épreuve du concours complet, les points négatifs se cumulent.

mangeoire sous abri

butte

stère de bois

**À SAVOIR**

Certains obstacles proposent plusieurs options de franchissement. Les options les plus courtes sont généralement les plus difficiles, mais permettent de gagner du temps.

# GALOP 7

## LA COMPÉTITION

### LES SOINS EN COMPÉTITION

SOINS

Les différentes compétitions ne demandent pas au cheval les mêmes types d'efforts, mais des nombreuses précautions et soins sont communs à toutes les disciplines.
Tout effort doit être dosé en fonction de l'âge du cheval, de son état de santé et de son niveau d'entraînement.

Essorez le poil
avec le couteau de chaleur

#### ● APRÈS UNE ÉPREUVE ÉPROUVANTE

Desserrez la sangle quelques minutes avant d'enlever la selle.

■ Par temps chaud, épongez le corps du cheval. Douchez ses membres au jet. Ne le douchez pas complètement avec de l'eau froide, pour éviter un choc thermique. Essorez son poil avec un couteau de chaleur. Vous pouvez lui mettre une couverture «nid d'abeille».

■ Par temps frais, enlevez la sueur avec le couteau de chaleur, et bouchonnez le cheval avec de la paille sèche. Ensuite, mettez-lui une couverture.

■ Pour éviter les crampes, vous pouvez le masser énergiquement et le faire marcher.

■ Lorsque le cheval a retrouvé son rythme respiratoire normal, réhydratez-le progressivement en le laissant boire par petites quantités.
Examinez-le et soignez ses éventuelles blessures.

#### ● SOINS AUX MEMBRES

■ Douchez longuement les membres au jet.

■ Vérifiez la ferrure et assurez-vous qu'il n'y a pas d'atteintes. Vous pouvez enlever les crampons.

■ Séchez les membres. Vous pouvez disposer des bandes de repos et éventuellement appliquer de l'antiphlogistine.

■ Vous vérifierez plus tard que les membres reposent normalement sur le sol, et que les tendons ne sont ni chauds ni engorgés.

Douchez
les membres

**À SAVOIR**

N'attachez pas le cheval en plein soleil, sous la pluie ou dans un courant d'air. Pour soigner rapidement le cheval après une épreuve importante, le cavalier s'appuie sur l'assistance d'une ou deux personnes.

Laissez-le se rouler

## ● SOINS COMPLÉMENTAIRES

La compétition demande une grande concentration et des efforts éprouvants. Il faut soigner le physique du cheval, mais penser aussi à son moral. Après l'avoir soigné, vous pouvez le laisser brouter de l'herbe et le laisser se rouler. Enlevez les tresses et les nattes pour ne pas endommager les crins. Un pansage soigné nettoie les pores de la peau et a un effet de massage. L'exposition aux rayons infrarouges, favorise la récupération musculaire.
Une à deux heures après la fin de l'épreuve, donnez-lui sa ration et vérifiez qu'il la termine. Laissez de l'eau à sa disposition.

SOINS

Faites le marcher

## ● FAVORISER LA RÉCUPÉRATION

À la fin d'une épreuve éprouvante, faites marcher longuement le cheval ; après un cross, on le fait même trotter et galoper sur plusieurs centaines de mètres : c'est la récupération active.

- La température qui peut atteindre 40° pendant l'épreuve, doit redescendre en dessous de 38,5° dans les 20 minutes qui suivent une épreuve fatigante (cross).
- Le rythme cardiaque qui peut monter à plus de 100 battements à la minute lors d'efforts, doit redescendre rapidement en dessous de 60 battements après l'arrivée.
- La respiration qui est très accélérée, se rétablit mieux si le cheval marche. Elle doit se stabiliser entre 8 et 12 mouvements par minutes quelques temps après l'arrivée.
- Le lendemain, il faut sortir le cheval au pas pendant une demi-heure à une heure.

## ● TABLEAU DES RYTHMES NORMAUX APRÈS RÉCUPÉRATION

| | | |
|---|---|---|
| Respiration | : | 8 à 12 battements par minute. |
| Pouls (cœur) | : | 35 à 44 battements par minute. |
| Température | : | entre 37,5° et 38,5° au repos. |

**À SAVOIR**

Dans un lieu qui lui est inconnu, le cheval a tendance à s'inquiéter. Restez près de lui, ou mettez à ses côtés l'un de ses compagnons d'écurie.

# TESTEZ VOS CONNAISSANCES

Pour vérifier vos connaissances du Galop 7, vous pouvez répondre aux questions suivantes, en cochant les cases suivant les indications données. Reportez-vous ensuite à la page 79 pour vérifier vos réponses.

ÉQUITATION

**1** À la même allure, si deux chevaux ont la même cadence :

- ❏ ils avancent à la même vitesse,
- ❏ leurs foulées ont la même amplitude,
- ❏ ils ont obligatoirement la même taille,
- ❏ leurs battues sont espacées par le même laps de temps.

**2** Ce cheval galope-t-il sur le bon pied ou bien à faux ?

- ❏ galop sur le bon pied
- ❏ galop à faux

**3** Un cheval peut-il « marcher droit » sur un cercle ?

- ❏ Oui
- ❏ Non

## TESTEZ VOS CONNAISSANCES

**4** Entre 2 éléments d'obstacle distants d'environ 10 m, combien de foulées de galop fait un cheval de taille moyenne ?

❏ 1 foulée

❏ 2 foulées

❏ 3 foulées

**5** En cross, quelles conditions ont tendance à faire ralentir le cheval :

❏ Les terrains gras

❏ les zones éclairées de face

❏ les fortes descentes

**6** Combien de temps dure en moyenne une leçon de longe

❏ une demi-heure au maximum

❏ une heure

❏ plus d'une heure

# TESTEZ VOS CONNAISSANCES

SOINS

**7** Quel est le nom de cette tonte ?

❑ tonte de chasse

❑ tonte en manteau

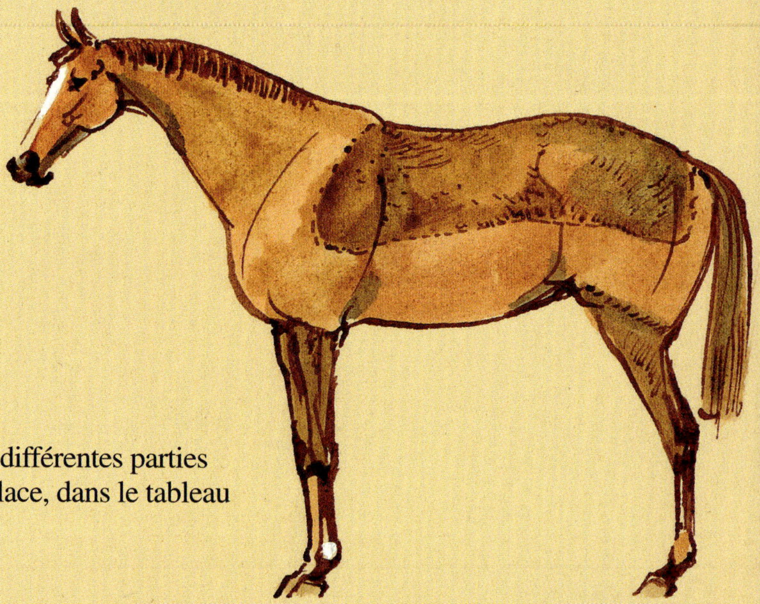

**8** Mettez les numéros des différentes parties de la bride à leur juste place, dans le tableau suivant.

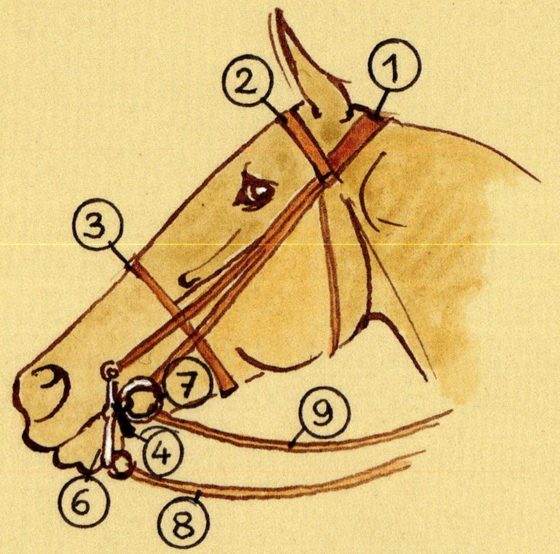


| Nom des différentes pièces | Numéro figurant sur le croquis |
|---|---|
| Frontal | |
| Têtière | |
| Rênes de bride | |
| Rênes de filet | |
| Muserolle | |
| Mors de bride | |
| Mors de filet | |
| Gourmette | |

**9** Transport du cheval. Cochez ce qui est juste :

❑ les crampons sont laissés en place pendant le transport

❑ à l'arrivée, il faut sortir en premier le cheval le plus nerveux

❑ pour sortir du van, il faut enlever la barre de fesse avant de détacher le cheval

❑ le cheval voyage mieux du côté gauche, dans un van à deux places

## TESTEZ VOS CONNAISSANCES



**10** Savez-vous reconnaître les principaux défauts d'aplombs ? Pour vérifier, mettez les numéros figurant sur le dessin, dans les bonnes cases.

| Nom du défaut d'aplombs | Numéro correspondant |
|---|---|
| brassicourt | |
| genoux de bœuf | |
| panard | |
| campé du devant | |
| droit jointé | |
| jarrets clos | |
| serré du devant | |

**11** Les vaccinations contre deux des affections suivantes sont obligatoires pour participer à des rassemblements de chevaux ; lesquelles ?

❑ grippe équine

❑ rage

❑ tétanos

❑ myoglobinurie

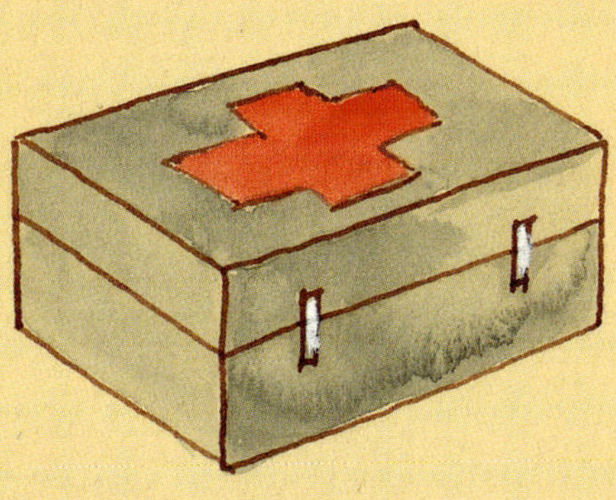

**12** À quel rythme faut-il administrer un vermifuge à un cheval ?

❑ tous les cinq ans

❑ tous les deux ans

❑ 2 à 3 fois par an

❑ tous les mois

# TESTEZ VOS CONNAISSANCES

CONNAISSANCES

**13** Quelle description correspond à une colique ?

❏ le cheval est raide, il a du mal à avancer

❏ le cheval se roule, se lève et se couche, il semble souffrir

❏ le cheval semble complètement endormi

**14** En épreuve de dressage, un mors de bride fait de deux métaux différents est-il autorisé ?

❏ oui

❏ non

**15** Savez-vous différencier la rêne de bride et celle du filet suivant la manière dont elles sont jointes ? Cochez la bonne case pour chaque paire de rênes.

*A : rênes de :*

❏ bride

❏ filet

*B: rênes de :*

❏ bride

❏ filet

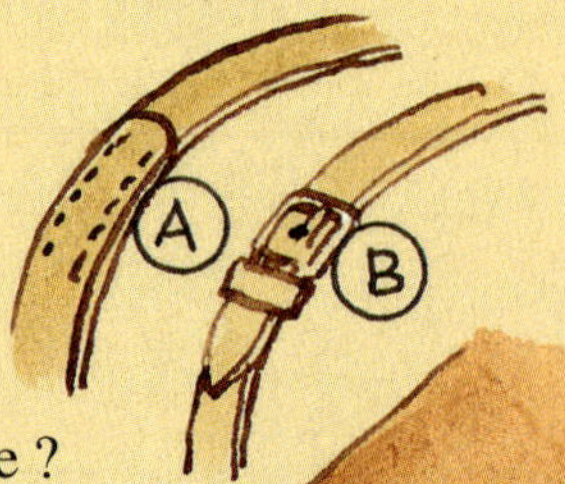


**16** Sur un mors de bride, quelle est l'utilité de la fausse gourmette ?

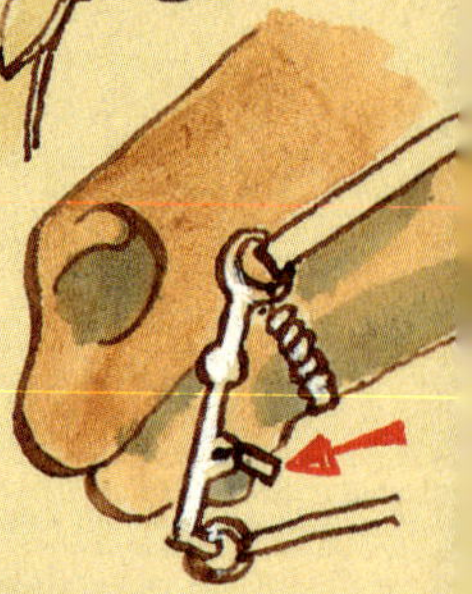

❏ empêcher le cheval de jouer avec les branches du mors

❏ remplacer la gourmette chez les jeunes chevaux

❏ but décoratif

**17** Action de la bride et du filet, cochez ce qui est juste.

❏ la bride a un effet releveur

❏ la bride a un effet abaisseur

❏ le filet a un effet releveur

❏ le filet a un effet abaisseur

**18** Quel est le nom de l'enrênement figurant sur le croquis ?

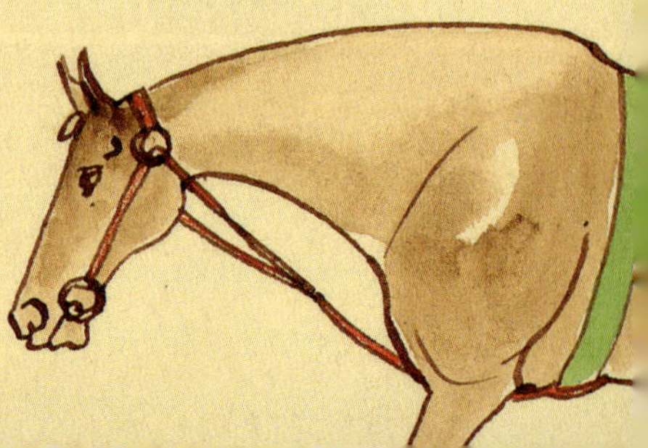

❏ chambon :

❏ martingale fixe

❏ gogue

❏ enrênement pessoa